世界最強の商人

オグ・マンディーノ
山川紘矢・山川亜希子＝訳

角川文庫
18851

THE GREATEST SALESMAN IN THE WORLD
by Og Mandino

賞賛の数々

『**世界最強の商人**』は今まで読んだ本の中で、最高に勇気を与えてくれる本、最高に気分を高めてくれる本、最高に動機を与えてくれる本だ。こんなにも世間から熱烈に歓待されているのも非常に納得できる。

ノーマン・ヴィンセント・ピール

ベテランにも新人にも喜ばれる販売の技術についての本が、やっと現れた！私は今、『**世界最強の商人**』を2度、読み上げたところだ。——1回読むだけではもったいない——正直に言わせて貰《もら》えば、最高に読み応《ごた》えがあり、最高に建設的で、最高に役に立つ本だ。今まで読んだ本の中で、職業としての販売術を教えるために最も有効な本だと思う。

F・W・エリゴ、アメリカ販売技術トレーニング会社経営者私は販売技術に関する本で出版されたものは、ほとんど読んでいる。しかし、オグ・マンディーノは**『世界最強の商人』**を出すことによってその首位を奪ったと思う。この本に書かれている原則に従えば、誰も失敗しないだろう。また、この原則を使わなければ、誰も大成功を収めることはできないだろう。しかも、著者はただ単に原則を提示しているだけではない。今まで一度も読んだことがないような、最高に魅力的な物語の中にそれを織り込んでいるのだ。

ポール・J・マイヤー、SMI所長

販売に関連しているすべての経営者は**『世界最強の商人』**を読むべきだ。ベッドの横や居間のテーブルの上に置いておくべき本だ。――必要なときに読みふけり、時々拾い読みし、刺激を与えてくれる部分を楽しむ本だ。1時間ごとに、あるいは数年ごとに、何回も何回も繰り返して読むべき本だ。友人に贈っても良い。教訓を与えてくれる本、スピリチュアルな導きと倫理的な導きを与えてくれる本、慰めと霊感をとめどもなく与えてくれる本だ。

私は『**世界最強の商人**』を読んで大いに感激した。間違いなく、今まで読んだ本の中で最高、かつ最も感動した本だ。とても良い本なので、私はつぎの二つのことをぜひ伝えたい。第1は、終わりまで一気に読み続けること。第2は、何かを売る人だけでなく、実は我々を含むすべての人が読まなければならない本だ、ということだ。

レスター・ブラッドショウ、デール・カーネギーホール前館長

オグ・マンディーノはその語り口によって、あなたの感情を刺激し、あなたを物語に巻き込んでゆく。『**世界最強の商人**』は何百万という人々の感情を揺さぶる本だ。

ロバート・ヘンスリー、ケンタッキー生命保険会社社会長

オグ・マンディーノのように豊かな才能を与えられた作家はまれである。こ

ロイ・カーン、感動喚起研究所主幹

の本は世界中の人々にものを売ることの重要性を、象徴的に描いている。

ソル・ポルク、ポルク兄弟会社社長

今、一気に『**世界最強の商人**』を読み終わった。話の筋は独創的で巧妙だ。語り口は面白くて引き込まれる。メッセージは心に響き、精神を鼓舞する。仕事や職業にかかわらず、私たちは誰もがセールスマンだ。自分の幸福、自分の心の平和を見つけるためにはまず、自分を自分自身に売り込まなければならない。もしこの本を注意深く読み、吸収し、心に留めれば、私たちは誰もが自分の最強のセールスマンになれるだろう。

ルイス・ビンストック博士、シカゴ、ユダヤ教会長老

私はこの物語が好きだ。私はこの語り口が好きだ。そして、この本が大好きだ。セールスマンは全員、そして、その家族全員がこの本を読むべきだ。

クレメント・ストーン、アメリカ全保険連合会長

私の見解では、オグ・マンディーノの『**世界最強の商人**』は、古典になる本であり、ずっと永く、読み継がれてゆくだろう。私は何年にもわたって、何百冊もの本を出版してきた。しかし、オグ・マンディーノの力強いメッセージは、私の存在の最も深い部分に届いた。私はこの本の出版者であることを誇りに思う。

フレデリック・V・フェル

世界最強の商人

私は成功するまでがんばりぬく。

私は敗北するためにこの世に生まれてきたわけではない。また、失敗が私の血管の中を駆け巡っているわけでもない。私は羊飼いにつつかれて動く羊ではない。私はライオンだ。私は羊と一緒に話したり、歩いたり、眠ったりはしたくない。

失敗という墓場に送られるのは私の運命ではない。

私は成功するまでがんばりぬく。

『世界最強の商人』巻物の第3巻より

目次

第1章

ハフィッドは銅製の鏡の前にたたずむと、磨かれた鏡の中に写る自分の姿をじっと見つめた。「若さを保っているのはこの目だけだな」彼はそうつぶやくと、振り向いてゆっくりと大理石の広い床を歩いていった。彼は年老いた足どりで、金銀に飾られた天井を支えている黒いオニキスの柱の間を歩いてゆき、キプロス杉と象牙《ぞうげ》でできたテーブルの脇を通り過ぎた。

寝椅子はべっ甲で飾られ、宝石が埋め込まれた壁際の長椅子や壁はキラキラと輝き、念入りにデザインされた壁掛けの文様はチラチラと光っていた。

大理石でできた少女像の噴水の周りに並べられている青銅の大きな鉢には、巨大なヤシの木がゆったりと植えられていた。一方、宝石がちりばめられた室内花壇の箱には色とりどりの花が咲き誇り、人々の関心を引こうと競い合っていた。

ハフィッドの宮殿を訪れた人なら誰しも、彼が巨大な富を所有する大富豪であることを疑わないだろう。

老人は中庭を通り過ぎると、その向こう側にある倉庫の中に入って行った。倉庫は館から500歩ほども続いていた。

入り口のところでエラスムスが緊張した面持ちでハフィッドを待っていた。彼はハフィッドの全帳簿を管理している筆頭番頭である。

「おはようございます。ご主人様」

ハフィッドはうなずいたが、無言のまま歩き続けた。エラスムスは彼の後に従った。彼の顔は心配の色を隠しきれなかった。なぜならば、このような場所で会いたいという主人の要求は今までなかったからだった。

ハフィッドは荷物をあげおろしする場所の近くで立ち止まると、馬車から品物がおろされ、数が数えられ、仕分けされた場所に積み上げられてゆくのを見ていた。

小アジア原産のウール、上等の麻布、羊皮紙、蜂蜜《はちみつ》、絨毯《じゅうたん》、油、ハフィッドの生まれ故郷からのガラス、イチジク、ナッツ、バルサム香膏《こうこう》、パルミラからの織物や薬類、アラビアからのショウガ、シナモン、宝石類、エジプトからの穀類、紙、みかげ石、雪花石膏《せっか》、玄武岩、バビロンからのつづれ織り、ローマからの絵画、ギリシャからの彫像などだった。バルサムの香りがまわりの空気に強く漂っていた。ハフィッドの老いてもなお鋭い嗅覚《きゅうかく》は、プラムやりんごやチーズやショウガの甘い香りを感じた。

ハフィッドはようやくエラスムスの方に顔をむけた。「わが友よ、我々の金庫にはどれほどの富が蓄積されているだろうか？」

エラスムスは青ざめた。「全資産ということですか、ご主人様？」

「全資産だ」

「最近は数えていませんが、金貨にして７００万黄金タレント以上はあると思います」

「では私のすべての倉庫と支店にある商品全部を黄金に換えたらどのくらいになるだろうか？」

「今期はまだ在庫調べが終わっていませんが、私の推測では少なくとも３００万黄金タレントはあると思います」

ハフィッドはうなずいた。「もう商品を仕入れないようにしなさい。すぐさま、必要な計画を作成して、私の商品のすべてを売りはらい、それを金貨に換えなさい」

番頭は口をあんぐりと開けたが、声は出てこなかった。彼は打たれたように後ろによろけた。口が利けるようになると、やっとのことで彼は言葉を発した。

「おっしゃることが理解できません。今年は最も利益が上がっている年です。全支店から昨年より売り上げが伸びているとの報告が来ています。今ではローマの軍隊でさえ我々の顧客ですし、エルサレムの行政長官に２週間で２００頭のアラビアの種馬を売ったばかりではありませんか？　どうぞ、お許しください。あなた様のご命令にはめったに異議を申し上げたことがございませんが、私にはおっしゃることが理解できません……」

ハフィッドはにっこりと微笑むと、優しくエラスムスの手を握った。

「私の信頼する同志よ、何年も前、お前がここに雇われたとき、私からお前が受け取った初めての指示を憶《おぼ》えているだろうか？」

エラスムスはしばらく額に皺《しわ》をよせたが、そのあと、彼の顔が輝いた。「あなた様は毎年の利益の半分を金庫から別枠にして、貧しい人たちに施しなさいと命じられました」

「そのとき、私のことを馬鹿な商売人だとは思わなかったかな?」

「はい、私はとても不安になりました」

ハフィッドはうなずき、そして、先ほどの荷下ろし場の方に向けて彼の両手を広げた。「そのときの心配は根拠のなかったものだったと今では認めてくれるかな?」

「はい、おっしゃるとおりです」

「では、今私がこのように決めたのはどうしてなのか、私が説明し終わるまで、辛抱して聞いてはくれまいか。今、私はもう歳をとってしまった。そして、必要なものはあまりない。私の愛する妻のリーシャはすでに神に召されてしまった。非常に幸せだった多くの年月の後、私の全財産をこの町の貧しい人たちに分け与えるのが私の望みなのだ。私は自分の余生を終えるのに不自由しないだけの財産を手元に残せばよいと思う。そこで、我々の全財産を整理するとともに、今、私のために働いているそれぞれの市場の支配人にその場所の所有権を譲り渡すための書類を作ってほしいのだ。またそれぞれの支配人に長年私につくしてくれたお礼として、5千黄金タレントずつ分け与えて欲しい。そうすれば、彼らは自分の望むやり方で、新しい商品を仕入れることができるだろう」

エラスムスは何か言いたそうに口を開いたが、ハフィッドは手をあげてそれを制した。「私の言いつけに何か気に入らないことでもあるのかな？」

エラスムスは首を振って、微笑もうとした。「いいえ、ご主人様、あなたがそうする理由が理解できないだけです。あなたのおっしゃっていることは、すでに死の間際にいる人の言うことです」

「エラスムスよ、お前はいつも自分のことよりも私のことを気にかけてくれるやさしい性格だ。だが、我々のこの貿易帝国が解散したとき、自分の将来は心配ではないのか？」

「私たちは永い間、一緒に同志として働いてきました。どうして、今、自分のことだけを考えることができるでしょうか？」

ハフィッドは旧友であるエラスムスを抱擁して言った。「私のことを心配する必要はない。直ちに5万黄金タレントをお前の名義に書き換えるようにしなさい。そして、私が遠い昔にたてたある誓いを果たすまで、私と一緒にここにいて欲しい。その誓いが果たせたら、この宮殿も倉庫もお前にあげよう。そのとき、私はリーシャの元に行く用意ができているからだ」

エラスムスは驚いたような顔で主人を見つめた。自分の聞いた言葉が理解できなかったからだ。「5万黄金タレント、宮殿、倉庫……私にはそのようなものを受け取る資格はございません」

ハフィッドはうなずいた。「私は、お前の献身を私の最大の資産だと思って、いつも頼りにしてきた。私がお前にしてあげられることなど、お前が私に尽くしてくれたものに比べたら、わずかなものにすぎない。お前は自分のためだけでなく、他人のためにも働くことができる人間だ。これこそが、お前を男の中の男としている理由だ。

さあ、ぐずぐずしないで、急いで私の計画をやり遂げてもらいたい。時間が私に与えられた一番大切な品物だ。私に残された時間はもうわずかしかない」

エラスムスは涙を隠すために顔を背けた。彼はかすれ声で質問した。「あなた様が守らなければならない誓いとは何でしょうか？　私たちは兄弟のようにして過ごしてきましたが、あなたがそのようなことについて話されるのを一度も聞いたことがありません」

ハフィッドは腕組みをし、そして微笑んだ。「お前が私の頼んだ仕事をすっかりやり終えたら、もう一度会おう。そのとき、私は妻以外には30年以上、誰にも明かしたことのない秘密をお前に打ち明けることにしよう」

第2章

そしてある日、警備隊に守られた隊商がダマスカスを出発した。隊商が携えていたものは、各市場の支配人に手渡すための黄金と市場の権利書だった。ハフィッドの商店を預かっていたヨッパのオベット店長からペトラのラウル店長までの10名の支配人は、ハフィッドの突然の引退と自分たちに対する多大な贈り物にびっくりして口も利けなかったが、ハフィッドの希望通りに贈り物を受け取った。最後にアンティパトリスの市場で隊商の任務は完了した。

当時、最も力のあった貿易帝国はこれで跡形もなく、終わったのだった。

エラスムスは悲しみに沈みながら、倉庫はすでに空になり、市場からもハフィッドの誇らしいのぼり旗はすべて消えましたと、ハフィッドに報告の手紙を送った。すると、使いの者は「主人に会いに中庭の噴水のところにすぐに来るように」という命令をもってエラスムスのもとにもどってきた。

ハフィッドはエラスムスの顔をじっと見て言った。「頼んだことは終わったのだな?」

「はい終わりました」

「悲しむことはない、良くやってくれた。では、私の後についてきなさい」

ハフィッドはエラスムスを連れて、屋敷の背後にある大理石の階段に向かって歩いて行った。彼らのサンダルの音だけが巨大な部屋にこだました。二人がシトラス(かんきつ類)の木で作られた背の高い台の上に置かれた半玉石製の花瓶に近づいたとき、ハフィッドは歩みを止めた。そして太陽の光がガラスの色を白から紫に変えるのを眺めた。彼の老いた顔に微笑みが浮かんだ。

☆

そのあと、二人は宮殿のドームの中にある部屋に続く階段を上り始めた。この階段の下にはいつも武装した護衛がいたことをエラスムスは思い出した。その護衛も今はいない。彼らは2階に上ったところで一休みした。二人とも疲れて息が切れてしまったからだ。それから、二人はさらにその上の階に上った。ハフィッドは腰のベルトから小さな鍵《かぎ》を取り出すと、分厚い樫《かし》製のドアの鍵を開け、自分の体重をドアにかけた。ドアはギーという音をたてて内側に開いた。エラスムスはとまどっていたが、主人が内側から手招きしたので、おそるおそる部屋の中に入った。その部屋には30年もの間、誰も入ることを許されていなかった。

灰色のほこりっぽい光が、小塔の上部にある窓からこぼれていた。薄暗い部屋の明るさに慣れるまで、エラスムスはハフィッドの腕をつかんでいた。ハフィッドはかすかな微笑みを浮かべて、エラスムスがゆっくりと振り返って部屋の中の様子を見るのを眺めていた。部屋の中はがらんとしていて何もなかったが、杉でできた小さな木の箱が部屋の片隅からさしこんでいる一条の太陽の光に照らされていた。

「エラスムスよ、お前はがっかりしているのではないかな？」

「何と言ってよいかわかりません」

「お前はこの部屋に何も家具がないことに失望したのではないかな？　確かに、

この部屋の中がどうなっているかは、多くの人々のうわさの種になっていた。お前自身も、私がこんなにも永い間、熱心に警備させていた部屋がどうなっているのか不思議に思って、気にかけていたのではないかと思う」

エラスムスはうなずいた。「その通りでございます。私たちのご主人様が、塔のこの部屋に何を隠しておられるのか、この何年もの間、多くの人がうわさをしていました」

「そうだな。友よ、私もそのほとんどを耳にしている。ダイヤモンドの入った樽《たる》があるとか、金塊があるとか、野生の動物、あるいは貴重な鳥が飼われているというううわさもあった。あるときなど、ペルシャの絨毯《じゅうたん》商人は、もしかしたら、私がここに小さなハーレムを持ち、愛人を隠しているのではないかとうわさしたものだ。リーシャは私が愛人を囲っているというそのうわさを笑っていたものだよ。しかし、お前も見ているとおり、この部屋には小さな木箱以外には何もない。さあ、前に進んで見てごらん」

二人は木箱のそばにひざをついてかがみこんだ。ハフィッドは木箱を縛っている革製の紐《ひも》を注意深く解き始めた。彼は木箱から立ちのぼる杉の香りを深くすいこんだ。そして彼がふたを押すと、音も立てずにふたが開いた。エラスムスはハフィッドの肩ごしにその箱の中身を覗《のぞ》き込んだ。そしてハフィッドの顔を見つめて、驚きのあまり首を振った。箱の中には他のものは何もなく、ただ巻物が入っているだけだった。……革の巻物だった。

ハフィッドは木箱の中に手を伸ばすと、巻物の一つをていねいに取り出した。そして、少しの間、それを胸に抱きしめて、目を閉じた。

彼の顔に静かな安らぎの表情が浮かび、顔に刻まれた老齢による皺《しわ》もぬぐい去られたように見えた。しばらくして、彼は立ち上がると、木箱を指さして言った。

「たとえこの部屋がダイヤモンドの光で満たされようと、お前が見ているこの質素な木箱と比べたら、どれほどの価値もない。なぜならば、私が今受け取っているすべての成功、幸福、愛、心の安らぎ、すべての富はこの何巻かの巻物のおかげだからだ。この巻物と、そしてこの巻物を私に託した賢人に対して、私はどんなに感謝しても、感謝しきれないのだよ」

ハフィッドの力強い声の調子に驚いて、エラスムスはあとずさりして尋ねた。

「これがあなた様がおっしゃっていた秘密なのですか？　この木箱はあなた様が守らなければならないという誓いと、何か関係があるのでしょうか？」

「お前の問いに対する答えは両方とも『そのとおり』だ」

　エラスムスは額の汗を手でぬぐってから、ハフィッドの顔を信じられないという面持ちで見つめた。「ダイヤモンドよりも価値があるというこれらの巻物には、一体、何が書かれているのですか？」

「この巻物は一つを除いて、あとのすべてに成功実現のための原理原則と真実がわかりやすい独特の文体で書かれている。商売の技術をマスターするためには、それぞれの巻物に書かれている秘密を学んで、それを実践しなければならない。そして、これらの原則を学び終わった者だけが、彼が望むすべての富を蓄積する力を持つのだ」。

　エラスムスは古い巻物をびっくりしたようにじっと見つめた。

「あなた様のような大富豪になれるというのですか？」

「もし、望むなら、私よりずっと大富豪になれるだろう」

「一つの巻物以外には、商売の原理が書かれているとおっしゃいました。では最後の巻物には何が書かれているのですか？」

「最後の巻物とおまえは言ったが、実はそれが最初に読まなければならない巻物なのだ。なぜならば、各巻物には番号がついており、その順に従って読んでゆかなければならないからだ。そして、その最初の巻物には、歴史を通して、ほんの一握りの賢い人間にしか伝えられてこなかった秘密が書かれている。実際には、その最初の巻物には、他の巻物に書かれていることを最も効果的に学ぶ方法が書かれているのだ」

「それは誰もがマスターできる課題のように思えますが」

「一つひとつの原理がその者の人格の一部になってしまうまで、その課題に時間と集中という代価を喜んで支払うつもりがあれば、確かにそれは簡単な教えだ。それも一つひとつの原理が日々の生活習慣になるまで行うのだ」

エラスムスは木箱に手をのばすと一つの巻物を取り出した。巻物を指でそっとつかむと、彼はハフィッドの方に向けてそれをさし出した。「ご主人様、どうぞ私のぶしつけな疑問をお許しください。とはいえ、あなた様はどうしてこれらの原理原則を他の人と分かち合ってはくださらなかったのでしょうか？

特に、あなた様の下に雇われて永い間一緒に働いた仲間たちにです。あなた様は他の点についてはとても寛大な心を示してくださいました。しかし、あなた様のために商品を売ってくれた人たちに、どうしてこれらの巻物を読む機会が与えられなかったのでしょうか？　もし、彼らにもそのチャンスがあれば、彼らもまたお金持ちになれたことでしょう。また、そんなにも貴重な知恵があれば、そこまではいかないとしても、少なくとももっとすばらしい商人になれたことでしょう。この何年もの間、どうしてあなた様はこの原理原則を独り占めになさっていたのですか？」

「他に選択はなかったのだ。何年も前、これらの巻物が私に託されたとき、私は誓いをたてさせられたのだ。それはこの中身はたった一人の人と分かち合わなければならないということだ。この不思議な要請の背後にある理由は、私は今もってわからない。しかしながら、いつの日か、若かった頃の私よりもずっとこの巻物を必要とする人物が現れるまで、私自身の人生にこの巻物の原則を応用するようにと命じられたのだ。私が巻物を渡すことになる人物は、ある印によってわかるそうだ。たとえ、その人物がその巻物を自分が探しているとは知らなくても、私にはわかるというのだ。私は辛抱強く待った。そして待っている間、言われたとおりに、これらの原則を応用した。この知恵を使い、私は『世界最強の商人』と多くの人々から呼ばれるようになった。

私にこれらの巻物を託した人物も、その時代の最強の商人として、当時の人々から賞賛されていた。

さて、エラスムスよ、私の行動のいくつかはお前の目からはとても変わっていてうまく行きそうにないと思えても、すべてが成功した理由がやっと理解できることだろう。私の行動と意思決定は常に、すべてこれらの巻物に導かれていたのだ。だから、私たちがこんなにも多くの富を獲得できたのは、私が特別賢かったわけではない。私は単に実現の道具に過ぎなかったのだ」

「こんなにも永い間待っておられたのに、あなたはこの巻物を受け継ぐ人が現れるのを、まだ信じておられるのですか？」

「その通りだ」

ハフィッドはていねいに巻物をもとの場所にもどすと、木箱のふたを閉じた。彼はひざをついて座ったまま、穏やかに言った。「エラスムスよ、その日まで私と一緒にいてはくれまいか?」

エラスムスは柔らかな光の中に手を伸ばし、二人は固く手を握りあった。彼は深くうなずくと、主人からの無言の合図を受け取ったかのように、部屋をたち去っていった。

ハフィッドは木箱を再び革の紐《ひも》で縛ると、立ち上がって部屋の片隅にある小さな塔の方へと歩いていった。そこから外に出て、大きなドームを囲んでいる足場の上に立った。

東から吹く風が、遠くにある湖と砂漠の香りを乗せてこの老人の顔をやさしくなでた。彼はダマスカスの町の家並みの連なりを上から見下ろして微笑んだ。そして彼の思いは時をさかのぼって、はるか遠い昔、自分の若かりし頃へといざなわれていった……。

第3章

それは冬のことであった。オリーブ山の寒さはことのほか厳しかった。エルサレムからキドロンの狭い峡谷を吹き抜ける風が、山の松のヤニの香りと入り混じった寺院の線香の香りや火葬の匂いを運んできた。ベツペジ村から少し下った木のない開けた傾斜地には、パルミラからやってきたパトロスの隊商が大きな群れを作って眠っていた。夜は更けていた。そしてこの偉大な商人の愛馬もピスタチオの低木をかむのをやめて、今は月桂樹の柔らかい垣根に身体を預けて眠っていた。

寝静まったテントの長い列の向こうには、太い麻の荒縄が4本のオリーブの古木に巻きつけられ、四角の囲いがつくられていた。その中にはラクダやロバが暖をとるために、互いに身体を寄せ合って積み重なるように一塊になっていた。二人の護衛が荷車の近くを警備しているほかには、どこにも動くものの姿は見当たらなかった。ただ、キャンプの中で唯一動いているのは、ヤギの毛皮で作られた、ひときわ大きなパトロスのテントの壁に映る背の高い人影だった。テントの中ではパトロスが怒って行ったり来たりしていた。彼は時々立ち止まっては、テントの入り口のそばにひざまずいているひとりの若者に向かって不機嫌な顔をして首を振った。パトロスはやっと金糸の織り込まれた豪華な絨《じゅう》毯《たん》の上に座ると、若者にもっと近くに来るようにと命じた。

「ハフィッドよ。私はいつもお前を自分の息子のように扱ってきた。それなのに、お前の奇妙な要求にとまどい、困惑している。お前は今の仕事に満足していないのか？」

少年の目は絨毯の上をじっと見ていた。「はい、その通りです」

「我々のキャラバンがどんどん大きくなって、すべての動物の世話をするというお前の仕事が、あまりにも大変になったというわけなのか？」

「いいえ、そうではありません」

「では、お前の要望をもう一度繰り返しなさい。そのような、あまりにも普通でない要望の背後にある理由について、お前の言葉で説明してはくれないか」

「私はただのラクダの世話係ではなく、あなたの商品の売り手になりたいのです。私はハダッド、シモン、カレブたちのように、荷車いっぱいの商品を積み、その重さであえぎながら歩く動物たちと一緒に出かけ、それを売ってあなた様にお金を持ち帰り、その一部を私にもいただきたいのです。私は私の暮らしをもっと良くしたいのです。ラクダの世話係では将来性がありません。でもあなた様の商品のセールスマンになれば、富と成功を勝ち取ることができると思うのです」

「どうしてそんなことを知ったのだ？」

「あなた様が、貧乏人から大金持ちになるためには、セールスマンという仕事ほど、チャンスのある商売、あるいは職業はないとおっしゃっているのを、何回も聞いています」

パトロスはうなずこうとしたが、もう少し確かめたほうがよいと考えて、若者に質問を続けた。「お前はハダッドや他の販売員のように自分に能力があると信じているのか？」

ハフィッドはパトロスをしっかりと見つめて答えた。「カレブが商品を売れなかったとき、自分は運が悪かったからだとあなた様に言い訳をしているのを、私は何度も耳にしたことがあります。するとあなた様は、もし商売の原則を自分のものにしてしまえば、誰もが短期間のうちに手持ちのすべての商品を売ることができる、と諭しておられるのも何度も聞いています。もし、みんなが愚か者と呼んでいるあのカレブでさえ、商売の原則を学ぶことができるとお思いなら、私もその特別な原則が学べないということなどあるでしょうか？」

「もし、お前がこの商売の原則をマスターしたとして、お前の人生の目標は何なのかね？」

ハフィッドは躊躇《ちゅうちょ》したが、すぐに答えた。「あなた様のことをこの国最強の商人だと、人々が言っています。世界中どこを探してもご主人様のように、商売の道を究め、貿易の一大帝国を築き上げた人はいません。私が熱望していることは、あなた様よりももっと大きくなることです。最大の商人、最大の富豪、世界一のセールスマンになることとです」

パトロスは後ろに寄りかかると、この若者の黒く陽に焼けた顔を良く観察した。着ているものには動物の匂いがしみこんでいたが、この若者の態度には卑屈さが微塵《みじん》も感じられなかった。「では、その莫大《ばくだい》な富とそれにともなって得られる恐ろしいほどの権力を、お前はどうしようというのだね？」

「あなた様がなさっているようにしたいのです。家族には世間的な最高の生活をさせ、残りは貧しい者たちに分け与えたいと思います」

パトロスは首を振った。「私の息子よ、富はお前の人生の目的ではない。お前は言葉は達者だが、言葉は言葉に過ぎない。本物の富とは心の豊かさであって、財布の中身ではない」

ハフィッドは反発した。「あなた様はお金持ちではないのですか？」

パトロスはハフィッドの大胆さに微笑んだ。「ハフィッドよ、物質的な富に関して言えば、私とヘロデ王の宮殿の前にいる乞食たちとの違いは一つしかない。乞食は次の食べものにありつけるかどうかだけを考えるが、私は自分の人生最後の食事について考えるのだ。息子よ、金持ちになることだけを望んではならない。金持ちになるためだけに働いてはならない。その代わりに、幸せになるために努力しなさい。愛し、愛されるために努力しなさい。そして最も重要なことは、心の平和と平安を得るために努力することだ」

ハフィッドはなおも反発した。「しかし、それもお金がなくては不可能です。

貧乏でありながら、心の平和は得られるでしょうか？　空《す》き腹を抱えて幸せでいられるでしょうか？　家族を食べさせ、服を与え、住む場所を与えられなかったら、家族に対してどうして愛を示すことができるでしょうか？　ご主人様、あなた様ご自身が、他人に喜びをもたらすために、富は良いものだとおっしゃっていたではありませんか？　私が金持ちになりたいという野心を持つのは、良くないことなのでしょうか？　貧しいことは砂漠にいる修行僧にとっては特権であり、彼の生き方そのものだと言えるかもしれません。なぜならば、彼は自分の身だけを養えばそれで足ります。彼の信じる神だけを喜ばせればいいのです。しかし、私に言わせていただければ、貧乏とは能力の欠如、あるいは野心の欠如に他なりません。私には能力も野心も両方備わっています！」

パトロスは眉《まゆ》をひそめた。「こんなにも突然、お前の野心を噴出させたのは何が原因なのか？　お前は家族を養うためと言ったが、お前にはまだ私以外家族と呼べるものはないではないか。私はお前が両親を疫病で亡くして以来、お前を養子として育てているのだよ」

ハフィッドは自分の陽にやけて黒くなった顔が、急に赤らむのを隠すことができなかった。「ここに来る前にヘブロンで野営したとき、私はカルネーの娘に出会いました。彼女はその……、彼女はとても……」

「ホホウ、これで真相が判明したな。恋だな。崇高な理想というわけではなかった。恋が私のラクダ係の少年を、世界を相手に戦う力強い戦士に変えたというわけだな。カルネーはとても金持ちだ。彼の娘とラクダ係の少年？　いや、とてもつりあわない！　しかし、彼の娘と若くて金持ちでハンサムな商人とならば……それはまた、別の話だ。すばらしい、私の若い兵士よ、私はお前がセールスマンとしての仕事を始める手伝いをしよう」

ハフィッドはひざまずくとパトロスの服のすそをつかんだ。「ご主人様、ご主人様、私の感謝を言い表すために何と言ったらよいのでしょうか？」

パトロスはハフィッドの手をふりほどいて、2、3歩さがった。「今のところは礼を言うのは待つがよい。私がお前に与えることのできる助けなど、お前が動かさなければならない山の大きさに比べれば、ほんの砂粒ほどに過ぎないのだから」

ハフィッドの有頂天の喜びはさっと冷えてしまった。そして、彼は尋ねた。

「あなた様は私を偉大なセールスマンに変えてくれる、商人の原理や原則を教えては下さらないのですか？」

「教えない。私は甘やかして、若いお前に安易で楽々とした生活をさせなかった。自分の養子をラクダ係にしたと言って、非難されてもきた。しかし、もししっかりした火が身体の中で燃えているのならば、やがてそれは外に現れてくると私は信じていた……そして、それが現れたとき、お前は苦難の年月によってずっとしっかりとした男に成長することだろう。今夜のお前の要求は私をとても幸せにしてくれた。なぜならば、お前の目は野望に輝き、お前の顔は燃えるような欲望でキラキラと輝いているからだ。これはとても良いことだ。私の判断が正しかったという証《あか》しだからね。ただし、お前の言葉の背後に、もっと何かがあるということをお前は証明しなければならない」

　ハフィッドは黙って聞いていた。年老いたパトロスはさらに続けた。

「最初に、お前は私に、そしてもっと重要なことはお前自身に、自分は商人の生活に耐えることができると証明する必要がある。なぜならば、お前の選んだ運命はそんなになま易しいものではないからだ。確かに、商売で成功すればその利益は大きいと私が言ったのを、何度も聞いたことがあるだろう。しかし、利益が大きいのは、ほんの少しの人しか成功しないからだ。多大な富を手にするために必要なすべての手段をすでに自分が手にしていることに気づかずに、多くの者たちが絶望と失敗に屈してしまう。また多くの者たちが途中で遭遇する障害物に恐怖と疑いを持って対決し、それを敵だと思い込んでいる。実際は、これらの障害は友人であり、援助者なのだ。

成功するためには障害はつきものだ。なぜならば、物を売るとき、他の重要な仕事と同じように、勝利は多くの努力と数え切れないほどの敗北の後にしかやってこないからだ。しかし、一つひとつの努力とそれぞれの敗北が、お前の技術、強さ、勇気、忍耐力、能力、自信を磨き上げてくれる。そして障害物の一つひとつがお前をよりよくするための……またはあきらめさせるための同志なのだ。挫折《ざせつ》こそ前進するチャンスなのだ。そこから逃げ出し、それを避けようとすると、お前は未来を捨ててしまうことになる」

若いハフィッドはうなずくと、何か言おうとした。しかし、老いたパトロスは手をあげてそれを制して言葉を続けた。「その上、お前は世界中で最も孤独な職業に船出しようとしている。みんなからさげすまれている税徴収人でさえ、夜になれば自宅に帰ることができる。ローマの兵士でさえ家と呼べる兵舎がある。しかしお前は友人や愛する家族から遠く離れた場所で、夕日が沈むのを何度も見なくてはならないだろう。暗闇の中で見知らぬ家を通り過ぎるとき、家の中にランプの灯がともり、家族が夕食のパンをみんなで分け合っているのを目にすることがあるだろう。この時ほど、急に孤独に胸がふさがれてしまう時は他にないだろう。誘惑に襲われるのは、このような孤独を感じる時だ」とパトロスは続けた。「このような誘惑にどう立ち向かうかが、お前の勝負の分かれ目になる。お前が長旅に出て道連れはロバだけだというとき、それはしばしば、不思議な恐ろしい感覚となる。将来の展望や仕事の意味を全く忘れ去り、子供のようになって、自分の安全と愛にあこがれるようになる。その代替物として我々が見つけたものが、多くの人々のキャリアを終わらせてきた。その中には、商売の才能や大きな可能性を持っていると思われていた何千もの人がいた。その上、商品が一つも売れないとき、お前を元気づけ、慰めてくれる者は誰もいない。そんなときに近づいてくるのは、お前の金を財布から盗もうという輩《やから》だけだ」

「あなたの警告を心に刻み、気をつけるようにします」

「では始めるとしよう。今のところ、これ以上、忠告しておくことはない。今のお前は青いイチジクのようなものだ。それが熟れるまで、それはイチジクとは呼べない。そしてお前が十分な知識と経験をつむまでは、お前を商人と呼ぶことはできない」

「では、何から始めればよいのでしょうか？」

「明日《あした》の朝、荷馬車のところにいるシルビオを訪ねなさい。彼はお前に一枚の最高級の縫い目のないローブを渡してくれるだろう。そのローブはヤギの毛織物からできている。ひどい雨風にもびくともしない強さを持っている。そして、アカネの根で赤く染められているために、色があせることもない。内側の縁の近くには小さな星のマークが刺繍《ししゅう》されている。これはトーラ協同組合の商標だ。トーラ協同組合は世界中で最高品質のローブを生産している。その星のマークのすぐ横には四角の中に丸印がある。それは私の商標だ。これらの二つの商標は国中で良く知られ、人々に尊敬されている。我々はすでにこのローブを何千着も売ってきた。このローブはユダヤ人の間ではアベヤーという名前で呼ばれている。私はもう何年もユダヤ人社会と取引をしているが、彼らが品物に名前をつけたのはこの商品だけだ。

ローブとロバを受け取り、夜明けにベツレヘムに向けて出発しなさい。ベツレヘムは我々のキャラバンがここに来る前に通ってきた村だ。我々の販売員は誰もその村を訪れたことはない。その村の人々はあまりにも貧しく、時間の無駄だというのだ。しかし、何年も前のことだが、私はそこで羊飼いたちにローブを何百着も売ったことがある。お前はそのローブが売れるまで、ベツレヘムにとどまりなさい」

ハフィッドはうなずいた。彼はわくわくする気持ちを隠しきれなかった。

「私はそのローブをいくらで売ればいいのでしょうか？」

「私の帳簿には、お前の名前のところに１銀デナリアスと書いておこう。お前が帰ってきたら、１銀デナリアスを私に返しなさい。

１銀デナリアス以上を受け取っていたら、残りはお前のもうけだ。だから、お前はローブに自分で値をつけなさい。町の南の門を入ったところにある市場に行ってもよし、もしやりたければ町の家の一軒一軒を訪ねて売り歩いてもよい。1000軒以上は確実にあるだろう。1着のローブなら売れるだろう。そうは思わないか？」

ハフィッドは再びうなずいた。彼の心はすでに明日に飛んでいた。

パトロスは手を優しく若者の肩においた。「お前が帰るまでラクダ係りの仕事はあけておこう。もしお前がこの仕事に向いていないことを発見したとしても、私は理解を示そう。お前は不名誉なことだと思わなくていい。試みて失敗したとしても恥ずかしく思うことはない。失敗しない人はいないからだ。失敗しないのは、試みない人間だけだ。帰ってきたら、お前の体験を私に詳しく聞かせて欲しい。その上で、私はどうすればお前のその途方もない夢をかなえる手伝いができるか、決めることにしよう」

ハフィッドは深くおじぎをして立ち去ろうとしたが、パトロスの話はまだ終わってはいなかった。「息子よ、新しい人生を始めるにあたって、ぜひとも心得ておかなければならない教訓がある。それをいつも心にとどめておきなさい。そうすれば、何か夢を実現しようとするすべての者が遭遇する克服できないように見える大きな障害を、お前は必ず乗り越えるだろう」

ハフィッドは待った。「それはどんな教訓でしょうか？」

「もし、成功しようとする決意が十分に固ければ、失敗することはない」

パトロスは若者に歩み寄った。「私の言った言葉の意味が十分に理解できただろうな？」

「はい」

「ではその言葉を私に繰り返して言ってみなさい！」

「もし、成功しようとする決意が十分に固ければ、失敗することはない」

第4章

ハフィッドは半分食べかけのパンの塊を皿の横においた。そして、自分の不運について考え込んだ。明日は彼がベツレヘムにやってきてからもう4日目だ。隊商からあんなにも自信満々で持ってきた赤いローブは、まだ売れていなかった。ローブは、宿屋の裏にある洞窟《どうくつ》の中に繋《つな》いだロバの背中にくくりつけた包みの中にあった。

彼は食べかけの食事を憂鬱《ゆううつ》そうな目でじっと見ていた。混みすぎている食堂は人声でさわがしかったが、彼には周りの騒音も聞こえなかった。どんな商人も仕事を始めたばかりのときに襲われる疑問が、彼の心に大きくのしかかっていた。「なぜ人は僕の話を聞いてくれないのだろう？ どうして僕に関心を示してくれないのだろう？ 僕が何も言わないうちに、どうしてドアをぴしゃりと閉めてしまうのだろう？ なぜ僕が話している最中に興味を失って、向こうへ行ってしまうのだろう？ この町の人はみんな貧乏人ばかりなのだろうか？

ローブは欲しいがお金がないという人に対して、何と言ったらいいのだろうか？　どうしてあんなにも多くの人が、ろくに話も聞かないうちに、『では、またのときに』と言うのだろう？　僕がこんなに苦労しているのに、どうして他の商人はうまく売ることができるのだろう？　閉じられたドアに近づくたびに、心が鷲《わし》づかみにされるような恐怖を感じるのは何なのだろう？　そして、どうすればこの恐怖に打ち勝つことができるのだろう？　僕がつけた値段が、他の人の値段よりも高すぎるのだろうか？」

彼は商いがうまく行かないことにがっくりしていた。もしかして、商人の仕事は自分に向いていないのかもしれない。自分はせいぜい、ラクダの飼育係のままで、日銭として銅貨を稼ぎ続ける方がいいのかもしれない。もし商品が売れて、いくらかでも利益を得て隊商に帰ることができたら、それは途方もなく幸運なことなのだろう。パトロスは自分のことを何と呼んだのだったろう？　若き戦士と呼んだのだ。彼は一瞬、ロバと一緒にこのまま隊商に帰ってしまいたいと思った。

そのとき、彼は突然、リーシャのことを思い出した。そして、彼女の厳格な父親、カルネーのことも思った。すると、それまでの数々の疑いが彼の心からすっと遠のいていった。

今夜は宿賃を節約して、また丘で野宿をしよう。そして明日《あした》はローブを売ってしまおう。それに、ローブがもっと高く売れるように、弁舌さわやかに商品の説明をしよう。明日は夜が明けたらすぐに仕事を始めて、町の井戸の近くに場所を取り、近づいてくる人たち全員に声をかけてみよう。そうすれば、あまり長い時間をかけずに仕事は終わり、お金を財布にいれてオリーブ山の駐留地に帰ることができる。

彼は食べかけのパンに手を伸ばすと、再び食べ始めた。その間、彼は自分の主人のことを考えていた。パトロスは自分のことをきっと誇りに思ってくれるだろう。なぜならば、自分は絶望して敗者としてもどるわけではないからだ。本当のところ、たった1着のローブを売るのに4日とは時間がかかりすぎだが、4日間でこの仕事をやり終えれば、パトロスからどうしたらそれを3日でなし遂げることができるかを学び、それはさらに2日になるだろう。そして、もっと熟達すれば、沢山のローブを毎時間ごとに売ることだってできるようになるだろう。そして、ついには有名なセールスマンになるのだ。

　彼は騒がしい宿屋を出て、洞窟とそこに待っている彼のロバの方に向かって歩いて行った。冷たい空気で薄い霜が降りていて、彼がサンダルで踏みしめると、凍った草が不満そうにピシピシと鳴った。ハフィッドは、今夜は丘に行って野宿するのはやめようと思った。その代わり、洞窟の中でロバと一緒に休むことにした。

　明日はもっといい日になるだろう、と彼は思った。でも、今になってみると、他の商人たちがなぜ、この不景気な村に立ち寄らずに通り過ぎて行くのかも分かってきた。彼らはこの村では何も売ることはできないと言っていた。ハフィッドは誰かにローブを買うのを断られるたびに、彼らのこの言葉を思い出した。しかし、パトロスは何年か前、何百着ものローブをこの村で売ったのだ。おそらく、その頃とは時代が違うのだろう。それに、そもそもパトロスは偉大なセールスマンだからできたのだ。

　洞窟から漏れるチラチラした明かりが見えたとき、ハフィッドは足を速めた。洞窟の中に泥棒がいるのではないかと恐れたのだ。彼は石灰岩でできた入り口から洞窟に飛び込んだ。泥棒を打ち負かし、彼の持ち物を取り返すつもりだった。しかし、目の前に広がる光景を見たとき、彼の緊張はたちどころに消えてしまった。

彼が目にしたのは、洞窟の壁の割れ目に立てた小さなロウソクの火がぼんやりと照らしだしている情景だった。そこには身を寄せ合ってかがみこんでいるあごひげの男と若い女の姿があった。彼らの足元には、普段は家畜のえさがはいっている石のくぼみの中で、赤ん坊が眠っていた。ハフィッドはそのような知識はなかったが、赤ん坊の皺《しわ》と赤黒い皮膚の色から、たった今、生まれたばかりだと気がついた。眠っている子供を寒さから守るために、男と女は自分たちの外套《がいとう》で子供を覆っており、赤ん坊の小さな頭だけが見えた。男はハフィッドの方を見て会釈し、女は子供にさらに近寄った。女の身体は震えていた。洞窟の中は湿っぽくて寒かった。彼女は着ているものを子供に与えたので、寒さに震えていたのだ。ハフィッドはもう一度幼な子を見た。その幼な子は小さな口を開けたり閉じたりして、まるで笑っているかのようだった。彼はその様子に魅了された。

不思議な喜びの感覚が彼の身体中を駆け巡った。なぜか理由も無く、彼はリーシャのことを思った。女は寒さで再びブルッと震えた。彼女の突然の動きに、ハフィッドは夢から覚めたように我にかえった。

決心がつきかねてしばらくためらっていたが、未来のセールスマンは彼のロバのそばに近づいた。そして注意深く結び目をほどくと、荷物を開けて、中からローブを取り出した。彼はローブを広げると、それをそっといとおしむように手で撫《な》でた。ロウソクの光を受けて赤い染め物があざやかに浮かび上がった。ローブの裏側の縁に、パトロスの商標とトーラ組合の商標が見えた。

それは四角の中に丸のマークと星のマークだった。この3日間、彼は疲れた腕で何回このローブを抱え、手にとったことだろう。彼は自分がその品物の肌触りやすべての折り目を知っているような気がした。これは本当に品質の良いローブだった。大切に使えば一生使うことができるだろう。

ハフィッドは目を閉じると、大きくため息をついた。そのあと彼はその小さな家族のところへ急いで歩いていった。そして、幼な子の脇の麦わらの上にひざまずくと、えさ台の中から幼な子を包んでいた父親のぼろぼろの外套を取り、その次に母親の上着をそっと取り出した。彼はそれぞれを父親と母親に返した。二人はハフィッドの大胆な行動にあまりにも驚いて、何もできなかった。次にハフィッドは彼の大切な赤いローブを広げて、眠っている子供を包み込んだ。

☆

ハフィッドがロバを連れて洞窟《どうくつ》から出たとき、彼のほほには若い母親からうけたキスの感触がまだ残っていた。頭上には彼がこれまでに見たこともない、異常なほど明るい星が輝いていた。彼はそれをじっと見つめた。すると彼の目から涙があふれ出した。

ハフィッドは自分のロバを引いて、エルサレムとオリーブ山の隊商の元にもどる街道につづく小道を歩いていった。

第5章

ハフィッドはロバに乗って、ゆっくりと進んでいた。彼はずっと下を向いていたので、自分の前に光を投げかけている星にまったく気がつかなかった。どうして自分はあんな馬鹿な行動をとってしまったのだろうか？　彼は洞窟の中にいた人々をまったく知らなかった。どうして彼らにローブを買ってもらわなかったのだろうか？　パトロスに何と言ったらいいのだろうか？　そして、他の人たちには？　ローブをただで人にやってしまったことを聞いたら、彼らは笑い転げることだろう。ローブの代金は自分に請求されるというのに。それも洞窟にいた見知らぬ赤ん坊にただであげてしまったのだ。

ハフィッドは、パトロスへの言い訳をあれこれと考え始めた。食堂に行っている隙にローブが盗まれてしまったとか？　パトロスはそのような作り話を信じてくれるだろうか？　ともかく国中に沢山の盗賊はいる。たとえパトロスが自分の言うことを信じてくれたとしても、今度は自分の不注意を責められるのではないか？

そう考えているうちに、あっという間に彼はゲッセマネの庭へ通じる小道に着いてしまった。彼はロバから降りると、ロバを引いて疲れた足どりで隊商に到着した。

頭上に輝いている星の光で、周囲は昼間のようだった。パトロスがテントから外に出て空を見つめていたので、ハフィッドが恐れていた彼との対面はすぐに起こってしまった。ハフィッドはじっと動かずにいたが、老人はすぐにハフィッドに気がついた。

パトロスは若者に近づくと、畏敬《いけい》の念のこもった声で尋ねた。「お前はベツレヘムから直接帰ってきたのか？」

「はい、ご主人様」

「お前は、星がお前の後についてきたのに気づかなかったのか？」

「気がつきませんでした」

「気がつかなかったのだと？　私はほとんど2時間も前に、ベツレヘムの上に星が出たことに気がついた。そのときから、この場所を離れることができなかった。こんな色と明るさを持つ星は今まで見たことがない。私が見ていると、それは天を動きはじめて我々の隊商に近づいてきた。それは今、真上にあり、そしてお前が現れたのだ。驚いたことに、星はもう動かずに真上で止まっている」

パトロスはハフィッドに近づくと、若者の顔をまじまじと観察して言った。「お前はベツレヘムで何かとてつもないできごとに遭遇したのではないか?」

「いいえ、ご主人様」

老人は眉《まゆ》をひそめた。何か深く考え込んでいる様子だった。「私は今までに、このような夜を体験したことが無い」

ハフィッドは縮みあがった。「今夜のことは私もまた、決して忘れません。ご主人様」

「ほほう、では今夜、何かが本当に起こったのだな。どうしてこんなに夜遅く帰ってきたのかな?」

パトロスがロバに近寄ってその背中の荷物を探る間、ハフィッドは黙っていた。「空っぽだ! とうとう成功したのだな。私のテントの中に入りなさい。

お前の経験談を聞こう。神様が夜を昼に変えてしまったからには、私はもう眠れない。おそらくお前の話の中で、なぜ星がラクダ係の少年についてきたのか、何かの手がかりがつかめるだろう」

☆

パトロスは寝台に寄りかかり、目を閉じてハフィッドの長い物語を聞いた。それはベツレヘムで彼が遭遇した果てしない拒絶と挫折《ざせつ》と侮辱の物語だった。ハフィッドが陶器商人に彼の店から放り出された話をしたとき、パトロスはうなずいて聞いていた。ハフィッドが値引きに応じず、ローマ兵士が怒ってローブを彼の顔に投げつけたことを話したとき、パトロスは微笑んだ。

ついにハフィッドは、その夜、宿屋でいろいろな疑問にとりつかれたことを話し始めた。彼の声はかすれて小さくなった。パトロスが口を挟んだ。「ハフィッドよ、お前が自分をあわれな人間だと感じたときにお前の心をよぎった疑いを、思い出せるかぎり、詳しく話してみなさい」

ハフィッドは思い出せる限り、すべての疑いの気持ちを次々と語った。すると、老人は尋ねた。「では、お前の疑念を心の中から追い払い、明日《あした》またローブを売ろうという新しい勇気をお前に与えたのは、どんな思いだったのかな？」

ハフィッドは何と答えてよいかしばらく考え、それから言った。「カルネーの娘のことだけを考えました。あの汚い宿屋にいたときから、失敗したら彼女の顔を二度と見ることはできないとわかっていました」そう話しながら、ハフィッドの声が乱れた。「しかし、私はもう失敗してしまいました。いずれにしても、彼女にはもう会えないのです」

「お前が失敗したのだと？　私には理解できない。もうローブはなくなっているではないか」

ハフィッドの声があまりにも小さかったので、パトロスは身を乗り出して聞かなければならなかった。ハフィッドは洞窟での出来事、幼な子のこと、そしてローブのことを話した。パトロスは何度も何度もテントの入り口から外を眺めた。外の明るい光はキャンプ地をまだこうこうと照らしていた。パトロスの顔に微笑が浮かびはじめた。若者が話を終わって、今はすすり泣きしていることにも、彼は気づかなかった。

間もなくすすり泣きがやみ、大きなテントの中には静寂だけがあった。ハフィッドは顔を上げる勇気も、主人の顔を見る勇気もなかった。自分は失敗したのだ。自分には才能が無く、せいぜいラクダ係に甘んずるほかはないのだ。彼は立ち上がってテントから逃げ出したいという衝動と闘っていた。そのとき、偉大な商人の手が自分の肩に置かれたのを感じた。それは自分の方を見るようにと言っているようだった。ハフィッドは思い切ってパトロスの顔を見上げた。

「私の息子よ、この旅はお前の稼ぎにはならなかったようだな」

「はい、そのとおりです」

「しかし、私には大いに得るところがあった。お前に従ってきた星が、これまで認めたくなかったことに私の目を開かせてくれたのだ。この件については、パルミラにもどってから説明することにしよう。私は今、お前に頼みたいことが一つある」

「はい、ご主人様」

「商いに出た者たちが明日の日暮れまでにここにもどってくる。お前に彼らのラクダの世話をしてもらいたいのだ。しばらくの間、またラクダの係にもどってはくれまいか？」

ハフィッドはあきらめて立ちあがった。そして、彼の恩人に向かって深くおじぎをした。「あなた様が私に命じることは、何でもいたします……私があなた様をがっかりさせたことをおわびします」

「では行って、仲間が帰ってくる準備をしなさい。そして、パルミラに着いたら、また会うことにしよう」

ハフィッドがテントから外に出たとき、上からの明るい光で彼は一瞬、目がくらんでしまった。彼は目をこすった。そのとき、パトロスがテントの中から呼んでいるのが聞こえた。

若者は振り返ってテントの中にもどった。そして、老人の話を待った。パトロスはハフィッドに向かって静かに言った。「安心して眠りなさい。お前は失敗なんか一つもしていないのだから」

この夜、明るい星は一晩中、天空に留《とど》まっていた。

第6章

隊商がパルミラの本部に帰還してからおよそ2週間たったころ、ハフィッドは動物小屋で麦わらのベッドに寝ているところを起こされた。パトロスのところへすぐ来るようにとのことだった。

彼は急いで主人の寝室に向かった。そして何事だろうかと落ち着かない気持ちで、パトロスのベッドの前に立った。パトロスのベッドはとても大きくて、その上にいる本人がとても小さく見えた。

パトロスは目を開くと掛け布団を押しのけて、やっとのことでベッドの上に起き上がった。彼の顔はひどくやせ衰え、手には血管が浮きでていた。たった2週間前にハフィッドが話した相手と同一人物だとは、とても信じられなかった。

パトロスはハフィッドを手招きして、自分のベッドの端に座るようにと合図した。若者は注意深くベッドの端に座り、老人が話し始めるのを待った。パトロスの声までもが、前回会ったときとはその音も高さも違っていた。

「私の息子よ。先日会ってからかなり時間がたったが、その間、お前は自分の将来の希望について十分考えたことだろう。今もなお、偉大なセールスマンになりたいという希望は変わりないかな？」

「はい、変わっていません。ご主人様」

老人はうなずいた。「それは結構なことだ。私はもっとお前と一緒に暮らせるのではないかと思っていた。しかし、お前も見てわかるとおり、その時間もあまりないようだ。私は自分でも良い商人だと自負している。しかし、私のドアから出て行ってくれるようにと、死神を説得することはできない。死神はまるで飢えた犬のように、台所の入り口でもう何日も待っているのだ。犬が忍び込むように、すきあらば開いているドアから、いつでもすぐにでも忍びこもうとしている……」

パトロスは咳《せ》き込んで話を中断した。ハフィッドは老人が空気を求めてあえぐ様子を微動だにせず見守った。やっとのことで咳《せき》がとまり、パトロスは弱々しく微笑んだ。「私たちが一緒にいられる時間もそう永くはない。だから、すぐに始めよう。まず、ベッドの下にある小さな杉の箱をとりだしなさい」

ハフィッドはひざまずくと、革紐《ひも》でくくられている小さな箱をベッドの下から引き出した。彼はそれをベッドの上のパトロスの両足の近くに置いた。老人は咳払いをしてから話し始めた。


「ずっと昔、私がまだラクダ係にさえなっていなかった頃、私は東洋からの旅人を助けたことがあった。彼は二人の盗賊に襲われたのだ。私は何も求めなかったのに、その旅人は自分の命を救ってくれた私に何かお礼をしたいと言った。私には家族もお金も無かったので、彼は私を自分の家に連れ帰った。そこで私は彼の家族の一員として迎えられた。

私が新しい生活に慣れたある日のこと、彼は私にこの箱を見せてくれた。中には10巻の革の巻物が入っていて、それぞれの巻には番号が記されていた。第1巻には学び方の秘訣《ひけつ》が書かれていた。他の巻物には商売の道で大成功するために必要な秘密と原則が書いてあった。それからの1年間、私は毎日、巻物と取り組んだ。私は第1巻に書いてある学びの秘訣を勉強し、それを使って他の巻物に書いてある賢明な叡智《えいち》を学んでいった。そして、ついに全部の巻物のすべての言葉を暗記してしまい、それらは私の人生観と人生そのものになった。言いかえれば、それらは私の習慣になったのだ。

最後にその方は私に、全10巻の巻物が入った小箱と封印された手紙、さらに金貨50枚の入った財布を渡した。そして、封印された手紙は家が見えなくなるところに行くまで開けてはならない、と言った。私は彼の家族に別れをつげると、パルミラにゆく貿易街道に出るまで、手紙を開けるのを待った。手紙には金貨を受け取るように、そして、巻物から学んだことを応用して、新しい人生を始めるようにと書いてあった。その手紙にはさらに、稼いだ富の半分を恵まれない人々に常に分け与えるようにと命じていた。しかし、この革の巻物だけは誰かに与えるのはおろか、誰とも内容を分かち合ってはいけない、とのことだった。時が来れば特別な印が現れて、次にこの巻物を譲り渡す人物を教えてくれるだろう、というのだ」

ハフィッドは首をふった。「私には良く理解できません」

「では説明しよう。私は何年もの間、その印が示すという男を探し続けてきた。その間、私は巻物から学んだ教えにしたがって生きることによって、莫大《ばくだい》な財産を手にすることができた。しかし、私はそのような人物は自分が死ぬまで現れないのではないかと、ほとんどあきらめかけていた。お前がベツレヘムの旅から帰って来るまでは。お前が巻物を受け取るべき人物だと最初に気づいたのは、お前がベツレヘムから明るい星を引き連れて現れたときだった。心の中で、私はこの星の意味することを理解しようとずいぶん考えてみたが、神のみ業に挑むのは断念した。ところが、その後、お前が大切なローブをただで幼な子に与えてしまったと話したとき、私の心の中の何かが私の長い探求は終わったと告げたのだ。私はついに、次に小箱を受け取るように運命づけられている者を発見したのだ。すると不思議なことに、私の身体から命のエネルギーがゆっくりとこぼれおち始めた。今、私の人生は終わりに近づいた。しかし、私の長い探求は終わり、私はこの世を心安らかに去っていくことができる」

老人の声は弱々しくなったが、彼は骨ばったこぶしを握り締めると、ハフィッドの方に身体を倒した。「わが息子よ、よく聞きなさい。これから言うことを繰り返して言う力は私にはもはやないからだ」

　ハフィッドの目は涙でぬれていた。彼がパトロスの方へ身をよせると、二人の手がふれあった。偉大な商人は力をふりしぼって息をすった。「私は今、この箱と価値のある中身をお前に引き継いでもらう。しかし、まず、お前に同意してもらわなければならない条件がある。小箱の中には100黄金タレントの入った財布が入っている。このお金はお前の生活費にもなるが、少しばかり絨《じゆう》毯《たん》を買うために使いなさい。その絨毯でお前は商売を始めることができるだろう。私はもっと多くの財産をお前に与えることもできるが、それはかえってお前にとって良くないことかもしれない。お前が自分自身の力だけで、世界で最も豊かで最も偉大なセールスマンになったほうが、よほど良いことなのだ。いいかね、私はお前が話してくれたお前の将来の夢を忘れてはいないよ。

　この町からすぐに出てゆきなさい。そしてダマスカスにゆきなさい。そこで巻物がお前に教えてくれるものを使えば、限りないチャンスがあるだろう。宿を見つけて落ち着いたら、まず第1巻と書かれている巻物を開きなさい。お前はしばらくの間、この第1巻のみを繰り返し、繰り返し読みなさい。そこには他の巻物に書いてある商いの秘訣を学ぶための秘密が書かれている。一つひとつの巻物を学びはじめたら、商売を始めてもよいだろう。仕入れておいた絨毯を売り始めるのだ。そして、巻物の教えとお前の実際の体験を結びつけ、それぞれの巻物を第1巻の指示どおり学び続けてゆけば、お前の売り上げは日に日に伸びてゆくだろう。私のいう最初の条件とは、第1巻に書かれている指図に従うと誓うことだ。誓えるかな?」

「はい、誓います」

「よろしい、よろしい……そして、巻物に書いてある原則に従う限り、お前は夢見ているよりもずっと豊かになれるだろう。私の言う第2の条件は、商売で儲《もう》けた利益の半分を常に貧しいものたちに分け与えるということだ。この条件から少しでもはずれてはならない。お前は誓うことができるか?」

「はい、誓います」

「そして、次の第3の条件だが、これは今までの条件の中で最も重要なものだ。それは巻物や巻物に書かれている知恵を他の誰とも分かち合ってはならないということだ。いつの日か、何らかの印をお前に示す人物が現れるだろう。それがお前から巻物を引き継ぐ人物だ。お前の場合は、輝く星と幼な子にローブを与えた無私の行為が印だった。それが起こるとき、お前もこのような印に気づくことだろう。本人は自分が選ばれた人間だとは知らないかもしれない。お前のハートが自分の勘が正しいと確信したら、彼または彼女にこの小箱とその中身を引き継ぎなさい。そのとき、私に課され、また、私がお前に今、課している条件は、もう必要ではない。私がずっと昔に受け取った手紙には、巻物を受け取った3番目の受け手は、もし、彼がそう望むのであれば、世界中の人々とこのメッセージを分かち合っても良いと書いてあったのだ。

お前はこの三つめの条件を守ると誓ってくれるかな？」

「誓います」

パトロスは身体からやっと重荷が下りたように安堵《あんど》のため息をもらした。彼は弱々しく微笑むと、骨ばった両手でハフィッドの両ほほを包んだ。「小箱を持ってすぐ出発しなさい。私と会うのもこれが最後だ。私の愛とお前の成功に対する祈りとともに出発しなさい。未来がもたらすすべての幸福を、お前がいつかリーシャと共に分かち合いますように」

涙がハフィッドのほほをとめどなく流れ落ちた。彼は小箱を持ち上げると、寝室の開いているドアから外に出た。彼はドアの外で立ち止まると、木箱を床の上に置いた。そして主人の方をふりかえって言った。「**もし、成功しようとする決意が十分に固ければ、失敗することはない**、でしたね？」

老人はかすかに微笑んでうなずくと、さよならと手を上げて別れをつげた。

第7章

ハフィッドはロバに乗って、城壁に囲まれたダマスカスの街へ東門から入っていった。ストレイトと呼ばれている大通りをロバに乗って進んでゆく間、彼は疑いと不安に震えていた。何百軒もある商店から立ち上る騒音と喧騒《けんそう》は、彼の恐怖心を少しもなだめてはくれなかった。パトロスのような強力な隊商の一員としてやってくるのと、たった一人で誰にも守られずにこのような大きな都会に到着するのとでは、全く違った感覚だった。通りの商人は商品を抱えて彼の周りに押し寄せてきた。誰もが隣の人間よりもさらに大声を張り上げていた。彼は小さな店が並ぶ通りやバザールを過ぎていった。バザールには銅や銀の細工物、鞍《くら》、織物や木製の道具類が並べられていた。そしてロバが一歩進むごとに、手を差し伸べて自分の品物を買ってくれと哀願する物売りに、彼は向き合わなければならなかった。ハフィッドの前方、西側の城壁の向こうには、ヘルモン山がそびえていた。季節は夏だというのに、山の頂上にはまだ雪が残っていた。

　このヘルモン山でさえ、我慢強くこの市場の喧騒を見下ろしているように見えた。やっとハフィッドはこの有名な通りから横道に曲がって、適当な宿屋を探した。そして苦労せずにモスカという宿を見つけた。

　部屋は清潔だった。そして彼は１ヶ月分の宿賃を前払いした。するとたちどころに、宿の主人のアントニンは相好をくずし、待遇をよくしてくれた。彼はロバを宿の裏の馬小屋につないだあと、バラダの泉で身体を洗ってから自分の部屋にもどった。

　彼は杉の小箱をベッドの足元に置くと、小箱に巻いてある革の紐《ひも》を解き始めた。ふたは簡単に開き、彼は革の巻物を見つめた。そして箱の中に手を伸ばして、その巻物に触れた。それは彼の指の下でまるで生きているかのようだった。彼は急いで手を引っ込めると、立ち上がって格子のある窓のそばに行った。ほとんど半マイルも離れている市場の騒がしい音が、窓を通して聞こえてきた。市場の音の方向を見ると、再びあの恐れと疑いがもどってきて、自信がなえていくのを感じた。彼は目を閉じて壁に寄りかかると、声を上げて泣いた。「僕はなんという馬鹿者なんだろう。ラクダの飼育係の分際で、いつか世界で最大のセールスマンになる夢を持つなんて。通りの商人の店の間をロバで通り抜ける勇気さえもないのに。今日、何百人ものセールスマンをこの目で実際に見た。彼らは全員、僕よりもずっと商売の才に長《た》けていた。彼らは勇気があり、熱心で忍耐強い。そして全員が市場のジャングルの中で生き残るすべを備えているように見える。自分が彼らと競争し、彼らに勝てると考えていたなんて、なんと愚かで生意気なことだったのだろうか。パトロス様、私のパトロス様、私はあなたをまた失望させてしまいそうで恐ろしいのです」

彼はベッドに身を投げ出した。そして旅の疲れから泣いているうちに眠ってしまった。

☆

目を覚ますと、すでに朝だった。目を開ける前から、鳥の鳴き声が聞こえた。起き上がると、信じられないことが起こっていた。ふたのあいた巻物を入れた小箱の上に、すずめが1羽止まっていたのだ。彼は窓に走りよった。窓の外ではイチジクとシカモアの木に何千羽というすずめが群れを成しており、朝の歌をさえずっていた。彼が見ていると、何羽かのすずめが窓の縁に止まった。しかし、ハフィッドがちょっと動いただけで、その鳥たちはすぐに逃げてしまった。彼は振りむいて小箱の方を再び見た。羽のある訪問者は首をかしげて若者をじっと見つめていた。

ハフィッドはゆっくりと小箱のそばにもどると、小鳥に手を差し出した。すずめは彼の手の平の上に飛び乗ってきた。「外にいる何千羽もの君の仲間たちは怖がりだ。でもお前は窓から中に入ってくる勇気があったのだね」

その小鳥はハフィッドの肌をつついた。彼は小鳥をテーブルの上に連れて行った。テーブルの上に置いたナップザックにはパンとチーズが入っていた。彼はパンとチーズの塊を細かく砕いて小さな友達のそばに置いた。小鳥はそれを食べ始めた。

ある考えが浮かんだので、ハフィッドは窓のところにもどった。彼は格子の穴に手で触れてみた。格子の穴はとても小さくて、その穴を通ってすずめが中に入ることはありえなかった。そのとき、彼はパトロスの声を思い出した。そしてその言葉を声に出して繰り返した。

「もし、成功しようとする決意が十分に固ければ、失敗することはない」

彼は小箱のところにもどって、その中に手を伸ばした。1本の革の巻物は他の巻物よりすりきれていた。彼はその巻物を箱から取り出すと、ゆっくりと広げた。それまでの恐れは消えていた。彼はすずめの方を見た。すずめもいなくなっていた。パンとチーズのくずだけが、1羽の勇気のあるすずめがやってきた証拠だった。ハフィッドは巻物に目を移した。それには「**第1巻**」と書かれていた。彼はそれを読み始めた……。

第8章

巻物の第1巻

私は今日から、新しい人生を始める。

今日、私は私の古い皮膚を脱ぎ捨てて、まったく新しい人間になる。古い皮膚はあまりにも永い間、失敗の傷や自分の凡庸さの痛みで苦しんできた。

私は今日から新しく生まれ変わる。私が生まれる場所はみんなのために果実を産出するブドウ畑だ。

今日、私はそのブドウ畑で一番背の高くて一番良く実のなったブドウの木から、知恵のブドウを摘み取ろう。それは私の生まれる前に幾世代にもわたって、私と同じ職業についていた賢人たちによって植えられ、育てられてきた叡智《えいち》の果実だ。

今日、私はこれらのブドウの木からブドウの実を味わい、それぞれの中にある成功の種を飲み込もう。すると新しい命が私の身体の中に芽生えるだろう。

私の選んだ道はすばらしいチャンスに恵まれている。しかし同時に、悲しみと絶望に満ちている。もし失敗者の死体を積み重ねたならば、その影は地上のピラミッドをことごとく覆いつくしてしまうだろう。

しかし、私は他の者たちのように失敗はしない。なぜならば、私の手の中には海図があるからだ。その海図が昨日までただの夢だと思われていた陸地へと、危険な海を乗り越えて導いてくれるのだ。

成功を得るために、もはや苦難という代償を支払う必要はない。自然が私の身体に痛みという苦しみを用意していないのと同様に、私には失敗による苦しみは用意されていない。失敗は痛みと同じ様に、私の人生に無縁である。過去においては、私は苦痛も失敗も必要なものとして受けいれてきた。今、私はそれを拒否する。私には、暗闇から抜け出して、想像をはるかに超えた富、地位、幸福の光の中へと私を導いてゆく、知恵と原理が用意されているからだ。そして、あのヘスペリデス（ギリシャ神話の女神）の園の黄金のリンゴでさえも見劣りするほどの莫大《ばくだい》な富を、私は手にするだろう。

時は永遠に生きる者にはすべてを教えてくれるが、残念ながら私は永遠には生きられない。それでも神から与えられた時間の範囲内で、私は忍耐という能力を発揮しなければならない。なぜならば、自然はすぐには答えを出してくれないからだ。

木の王様であるオリーブの木が育つには、何百年という歳月が必要だ。タマネギは9週間で育つ。私はこれまでタマネギとしての人生を送ってきた。それは喜びとは言えなかった。私は今、最強のオリーブの木になりたい。実は最強のセールスマンになりたいのだ。

ではどうすればそうなれるのだろうか？　私には知識も無ければ、最強になるための経験もない。そして私はすでに無知のために躓《つまず》き、自己憐憫《れんびん》の中で泣いてきた。だが、その答えは簡単だ。私は今、不必要な知識や無意味な経験という障害に邪魔されずに、自分の旅を始めるのだ。自然はすでに私に、森にいるどんな動物よりもずっとすぐれた知識や本能を与えている。それに、いかにも賢そうにうなずきながら愚かなことを話す老人の経験は、過大評価されている。それらはさほど重要ではないのだ。

確かに、経験は我々に多くのことを教えてくれるが、その教え方は人生の貴重な時間を無駄に食い尽くしてしまう。ゆえに、その特別な知恵を学ぶために必要な時間の長さを考えると、経験による教えはそれほど価値があるとはいえない。死を目前にしてわかっても、それは無駄になるだけだ。さらに、経験による知識とは流行に似ている。今日、成功した行動も、明日《あした》にはもはやうまく働かず、役にたたないだろう。

原理原則だけが長続きする。そして今、私はこの原理原則を手にしている。なぜならば、私を偉大なものへと導いてくれる法則が、これらの巻物の言葉の中にあるからだ。

彼らが私に教えるのは、いかにして成功するかよりも、いかにして失敗を防ぐか、ということだ。なぜならば、成功とは人の気持ちのあり方に他ならないからだ。千人の賢者に「成功とは何か」と聞いてみれば、千通りの答えが返ってくるだろう。しかし、失敗に関してはその定義はただ一つだけである。すなわち、「**失敗とは、それが何であれ、その人生の目的に到達できないこと**」なのだ。

実は、失敗者と成功者の間にあるたった一つの違いは「習慣」の違いだ。良い習慣はあらゆる成功の鍵《かぎ》である。悪い「習慣」は失敗に通じる鍵のかかっていないドアのようなものだ。それゆえ、他のすべてに優先して私が従う第1の法則は、「**私は良い習慣を身につけ、その奴隷になる**」というものだ。

子供のころは、私は自分の衝動の奴隷だった。すべての大人がそうであるように、今の私は自分の習慣の奴隷だ。私はこれまで自分の自由意志を犠牲にして、長らく蓄積してきた習慣に従っていた。そして、私の過去の行いは、私の将来を危うくする道をすでに決めている。私の行動は、食欲、情熱、偏見、貪《どん》欲《よく》、愛、恐怖、環境、習慣によって規制されている。それらの中で最も手におえない暴君が習慣だ。それゆえに、もし私が習慣の奴隷にならなくてはいけないのであれば、私は「**良い習慣**」の奴隷になろう。私の悪い習慣は排除されなければならない。新しい耕地を用意し、良い種をまかなければならないのだ。

私は良い習慣を作り、その奴隷になろう。

だが、どうやって、この大変な事業を成し遂げることができるのだろうか。それはこれらの巻物を使うことによって成し遂げられる。なぜならば、巻物の一巻一巻には、私の人生から悪い習慣を追放し、私を成功に近づける良い習慣に置き換える原理原則が書かれているからだ。

習慣は別の習慣によってのみ変えることができる、というのがもう一つの自然の法則なのだ。そこで、巻物に書かれている言葉がその特別の仕事を果たすためには、私はまず、次のような新しい習慣を努力して作らなければならない。**私はそれぞれの巻物を30日間、ここに規定された方法で読み続ける。そしてそれを終えるまでは、次の巻物に進んではならない。**

まず、朝起きたとき、これらの言葉を黙読する。次に昼食をすませたら、もう一度、これらの言葉を黙読する。そして一日の終わり、眠りにつく前にもう一度読む。重要なことは、この3回目には声に出して読むということだ。そして、次の日、私はこのやり方をまた繰り返す。これを30日間続けるのだ。

その後でやっと次の巻物に移り、このやり方をまた30日間続ける。このようにして、それぞれの巻物とともに30日間一緒に生活して、巻物を読むことが習慣になるまで、このやり方を続けるのだ。

ではこのようにしてできた習慣で何が達成できるのだろうか？

ここにすべての人の成功の秘密がある。毎日これらの言葉を繰り返すことによって、それはすぐに私の顕在意識の一部となる。しかし、もっと重要なことは、それが私のもう一つの意識の中にしみこんでゆくということだ。その意識は決して眠らない神秘の源であり、私の夢を創造し、しばしば私には理解できないやり方で私を行動させる場所なのだ。

これらの巻物の言葉がこの神秘的な意識によって吸収されると、私は毎朝、今までに経験したことがないほど生き生きと目覚めるようになる。私の活力は日に日に増強され、やる気が湧き上がり、世間の人々に会いたいという気持ちが、それまで夜明けに感じていた恐怖を吹き飛ばしてくれるだろう。苦痛と悲しみに満ち溢《あふ》れたこの世界で、今まではとても可能だとは信じられなかったほどの幸福を感じるようになる。

そして、いつの間にか、日常生活の中で直面するすべての出来事に、巻物に書かれている方法をもって自然に対処している自分に気付く。そしてほどなく、それらの行動や反応をすぐに行えるようになる。なぜならば、日々の練習はいかなる行為も容易にするからだ。

こうして新しい良い習慣が生まれる。なぜならば、日々の繰り返しによって行動が容易になると、その行動をすることが喜びとなり、それが喜びになれば、人は自然にいつもそのように行動するようになるからだ。私が常にそのように行動するようになると、それは習慣になり、私はその習慣の奴隷になる。そして、それは良い習慣であるがために、これは私の意志なのだ。

私は今日から、新しい人生を始める。

私は新しい人生の成長を妨げるようなことは一切しないと、おごそかに自分に誓う。私は一日も欠かさずに巻物を読む。なぜならば、失った一日は決して取り戻せないし、他の日で埋め合わせをすることもできないからだ。私は巻物を読むという毎日の習慣を破ってはならないし、また破るつもりもない。事実、毎日この習慣のために使う時間は、私がこれから獲得する幸せと成功のために支払う代価としては、ごく小さなものにすぎない。

巻物の言葉を何回も何回も読み、その言葉に従うとき、私は巻物の簡潔さや言葉の単純さゆえに、巻物のメッセージを軽んじるようなことはしない。ブドウ酒を作るとき、何千粒というブドウが押しつぶされて一つの壺《つぼ》に詰められる。

そして、ブドウの皮や搾りかすは鳥たちに投げ与えられる。このことは知恵のブドウに関しても同じだ。多くのものはフィルターにかけられ、無駄なものは風の中に投げ捨てられる。そして、純粋な真理だけが言葉の中に抽出される。私は指示されたとおり、それを飲み干し、一滴たりともこぼさない。そして、成功の種を飲み込もう。

今日、私の古い皮膚は埃《ほこり》になって消える。私は背筋をまっすぐにして人々の中を歩こう。彼らは私に気づかないかもしれない。私はすっかり生まれ変わって、新しい人生を歩き始めた新しい人間だからだ。

第9章

巻物の第2巻

私は今日という日を心からの愛をもって迎えよう。

なぜならば、愛はいかなる事業においても成功に導く最大の秘密だからだ。腕力は盾を打ち破り、人を殺すことができるが、人の心を開くのは目に見えない愛の力だけである。この愛の技術を学ばない限り、私はただの行商人の域を出ることができない。私は愛を最大の武器にしよう。そうすれば、私が訪問する人はみな私の愛の力に抵抗できないだろう。

私の説明に人々は納得しないかもしれない。私の話を人々は信用しないかもしれない。私の服装を人々は好きになれないかもしれない。私の顔つきを人々は気に入らないかもしれない。私の取引を人々は疑うかもしれない。しかし、私が愛をもって人々に接しさえすれば、どんなに凍りついた地面でも溶かしてしまう太陽のように、私の愛はすべての人々の心を温めて開いてゆくだろう。

私は今日という日を心からの愛をもって迎えよう。

では、どうすれば私はそのように行うことができるのだろうか？

これからは、私はすべてのものを愛をもって見よう。そして私は新しく生まれるのだ。

私は太陽を愛する。なぜならば太陽は私の身体を温めてくれるからだ。しかし、私は雨も愛する。なぜならば雨は私の心を洗い清めてくれるからだ。私は光を愛する。なぜならばそれは私に道を示してくれるからだ。しかし、私は暗闇も愛する。なぜならばそれは私に星を見せてくれるからだ。私は幸福を歓迎する。なぜならばそれは私の心を広げてくれるからだ。しかし、私は悲しみにも耐えよう。なぜならばそれは私の魂を開いてくれるからだ。私は報酬を喜んで受けとろう。なぜならば私はそれを受けとるに値するからだ。しかし、私は障害も歓迎しよう。なぜならばそれらは私を鍛えてくれるからだ。

私は今日という日を心からの愛をもって迎えよう。

私はどのように話したらいいのだろうか？

私は私の敵を賞賛しよう。そうすれば彼らは友人になるだろう。私は友人を勇気づけよう。そうすれば彼らは兄弟になるだろう。

私は常に人を賞賛する理由を探そう。決して人の悪口を言わないようにしよう。人を非難したくなったら、口をつぐもう。人をほめたくなったら、屋根の上に立って大声で賞賛しよう。

私は今日という日を心からの愛をもって迎えよう。

鳥や、風や、海、そして大自然のすべてが、創造主を褒め称《たた》える音楽を奏でてはいないだろうか？　私も同じ音楽で神の子供たちと話すことができないだろうか？　これからは、私はこの秘密を覚えていよう。そうすれば、この秘密が私の人生を変えるだろう。

私は今日という日を心からの愛をもって迎えよう。

私はどのように行動すればいいのだろうか？

私は人々の行為のすべてを愛そう。なぜならば、たとえ表面には出なくても、すべての人には賞賛すべき資質があるからだ。私は人々が心の周りにはりめぐらした不信と憎しみの壁を愛によって打ち破り、その場所に橋をかけて私の愛が彼らの魂へと入れるようにしよう。

私は野心家を愛する。なぜならば、彼らは私を奮い立たせてくれるからだ。

私は失敗者を愛する。なぜならば、彼らは私に教訓を与えてくれるからだ。

私は王様を愛する。なぜならば、彼らもまた人間だからだ。

私はおとなしい人を愛する。なぜならば、彼らは神のように謙虚だからだ。

私は金持ちを愛する。なぜならば、彼らは孤独だからだ。

私は貧乏人を愛する。なぜならば、この世に沢山いるからだ。

私は若者を愛する。なぜならば、彼らは若々しい信念を持っているからだ。

私は老人を愛する。なぜならば、彼らは知恵をわかちあってくれるからだ。

私は美しい人を愛する。なぜならば、彼らの目には憂いがあるからだ。

私は素朴な人を愛する。なぜならば、彼らの魂は平和だからだ。

私は今日という日を心からの愛をもって迎えよう。

では、私は他の人々の行為に、どのように対応すればいいのだろうか？　それは愛をもってだ。なぜならば、愛は人のハートを開く私の武器であるだけでなく、愛は憎しみの矢と怒りの槍《やり》を跳ね返す私の盾でもあるからだ。災難や失意が激しくこの盾をたたいても、それらは盾にはじかれて柔らかな雨となる。この盾は市場では私を守り、私が一人ぼっちのときには私を励ましてくれるだろう。

絶望のときには私を元気づけ、狂喜のときには私を冷静にしてくれるだろう。盾は使うたびにより強力になり、私をもっと良く守ってくれるが、やがて、私はその盾を傍らに投げ捨てて、どんな人の行為にも邪魔されることなく、世間の人々の間に入っていくことができるようになるだろう。そのとき、私の名声はピラミッドよりも高く讃《たた》えられることだろう。

私は今日という日を心からの愛をもって迎えよう。

では、私が出会う人々には、どのように接すればいいのだろうか？　それはたった一つの方法しかない。口には出さずに自分の心の中で、彼に「私はあなたを愛しています」と呼びかけるのだ。この言葉は口には出さないものの、私の目の中で輝き、私の額の皺《しわ》を拭《ぬぐ》い去り、私の唇に微笑みをもたらし、私の声の中にこだまする。そして相手の心は開かれるだろう。

そして、私の愛を心で感じたとき、だれが私の商品に対して「いらない」と言うだろうか？

私は今日という日を心からの愛をもって迎えよう。

そして、一番大切なこととは、自分を愛することだ。なぜならば、私が自分を愛するとき、私は私の身体、私の心、私の魂、そして、私のハートに起こるあらゆることを熱心に調べるからだ。私は自分の肉体の要求におぼれすぎることなく、清潔さと節度をもって自分の身体を大切にしよう。私の心が邪悪なことや絶望的なものに引き付けられるのを許さずに、それらを永い間に培った知識と叡智《えいち》をもって、より高い境地に引き上げよう。

私が独りよがりな自己満足に陥ったり現状に甘んじたりすることを許さず、瞑想《めいそう》と祈りによって自らの魂をさらに高めよう。

私は自分のハートが狭く、冷酷になることを許しはしない。私は人々と心を分かち合おう。すると心は大きく成長し、世界は温かい愛で包まれることだろう。

私は今日という日を心からの愛をもって迎えよう。

今から私はすべての人を愛そう。今この瞬間から、憎しみを私のすべての血管から追い払おう。なぜならば、私には憎んでいる時間はないからだ。愛するためだけに時間を使いたい。今、この瞬間から、私は男の中の男になるための第一歩を踏み出そう。私は愛をもって売り上げを100倍にし、そして偉大なセールスマンになるのだ。たとえ私に他の資質がなかったとしても、私は愛だけでも成功することができる。たとえ世界中のあらゆる知識や技術を持っていようと、愛がなければ私は失敗するだろう。

私は今日という日を心からの愛をもって迎えよう。そうすれば、私は必ず成功する。

第10章

巻物の第3巻

私は成功するまでがんばりぬく。

東洋では、闘牛用の若い雄牛は次のような方法で試されるそうだ。牛は闘牛場へ引き出され、闘牛士の槍でつつかれる。勇猛な牛は刃先で突かれながらも、闘牛士に向かって襲い掛かる。その襲い掛かる回数によって、闘牛用の牛としての等級が付けられるのだ。

今から私もこれと同じ方法で、毎日、人生によって試されていると知っておこう。あきらめずに何度も試み続け、前に出て闘い続ければ、私は絶対に成功するだろう。

私は成功するまでがんばりぬく。

私は敗北するためにこの世に生まれてきたわけではない。また、失敗が私の血管の中を駆け巡っているわけでもない。私は羊飼いにつつかれて動く羊ではない。私はライオンだ。私は羊と一緒に話したり、歩いたり、眠ったりはしたくない。わたしは泣き言や不満を言うのを聞きたくない。なぜならば彼らの病気は伝染するからだ。彼らは羊と一緒にいればよいのだ。失敗という墓場に送られるのは私の運命ではない。

私は成功するまでがんばりぬく。

人生の栄光はそれぞれの旅の終わりにもたらされるものであって、旅の最初にもたらされるものではない。自分の目的地に着くまでにどれほどの歩数が必要かを知ることはできない。１０００歩歩いても、まだ失敗に遭遇するかもしれないが、成功は次の角を曲がったところに隠れているかもしれない。角を曲がってみなければ、それがどれほど近くにあるかわからないのだ。

私は常にもう一歩踏み出そう。それでもだめなら、もう一歩すすむ。そして、さらに一歩踏み出すのだ。事実、一度に一歩だけ踏み出すのはそれほどむずかしいことではない。

私は成功するまでがんばりぬく。

今日から、私は毎日の努力を堅い樫《かし》の大木に加えられる斧《おの》の一撃だと考えよう。最初に打ち込んだ一撃では、木は微動だにしないだろう。第2撃も、そして第3撃も同じだ。それぞれの一撃は無力であり、何の結果ももたらさないようにに見えるかもしれない、しかし、この子供のような一撃が繰り返されることによって、樫の木はついには倒れる。私の今日の努力もまさにこれと同じなのだ。

私は山をも流しさる一滴の雨のようなものだ。私は虎を食べつくすアリのようなものだ。私は大地を照らす星のようなものだ。私はピラミッドを築く奴隷のようなものだ。私はレンガを一つひとつ積み上げることによって、自分の城を作り上げよう。なぜならば、小さな行為も繰り返し行われれば、どんな仕事でも完成させることを知っているからだ。

私は成功するまでがんばりぬく。

私は絶対に敗北を考えない。私の辞書には次のような言葉もない。「やめる」、

「希望なし」、「実行不可能」、「失敗」、「問題外」、「不可能」、「力不足」、「できない」、「撤退」。なぜならば、これらは愚か者の言葉だからだ。私は絶望しないが、万が一、心が絶望という病気にかかってしまったら、死に物狂いで働こう。私は努力し、がんばりぬくつもりだ。私は足元の障害には目もくれず、頭上にある私のゴールに目を向けよう。なぜならば、乾いた砂漠の向こうには、緑の草原があることを知っているからだ。

私は成功するまでがんばりぬく。

私は古代から伝わる「平均の法則」を憶《おぼ》えておこう。そして、物事は良きことのために起こるということを知っておこう。そして次のことを知って、がんばりぬくつもりだ。販売に失敗することは、次の販売の成功のチャンスが増えることだ。「いらない」といわれるたびに、「買います」という声がより近くなる。不機嫌な顔に出会うのは、次に「笑顔」に出会う準備を私にさせてくれる。私が出会うどんな不運も、その中に明日《あした》の幸運の種を宿している。

昼に感謝するためには夜がなければならない。成功するためには何度も失敗しなくてはならないのだ。

私は成功するまでがんばりぬく。

これからは、私は成功するまで、何回も何回も試みる。障害は私にとっては目標への単なる迂回路《うかい》にすぎない。また、私の仕事に対する挑戦でもある。航海士が荒れ狂う嵐を乗り切るたびに航海の技術を身につけてゆくように、私もがんばり続けて自分の技術を高めよう。

私は成功するまでがんばりぬく。

今日から、私は成功している先輩たちの仕事の秘訣《ひけつ》を学びとり、自分の仕事に取り入れよう。一日が終わろうとするとき、その日の売り上げが多かろうと少なかろうと、私はもうひと踏ん張りして、もう一つ売ろうと試みよう。疲れた身体が家に帰りたがっても、その誘惑に抵抗しよう。そしてもう一度試みるのだ。私は勝利をもって一日を終わりたい。もう一度試みて、もしそれが失敗したら、もう一度試みる。失敗をもって、一日を終わりたくないからだ。このようにして、私は明日の成功の種をまいておく。そして、時間通りに仕事を終わる仲間が決して得られない有利な立場に自分をおくのだ。彼らが戦いをやめるとき、私の戦いが始まる。そして私の収穫はすばらしく豊かなものになってゆく。

私は成功するまでがんばりぬく。

私は昨日の成功で自分を甘やかして、今日の自己満足にはしたくない。なぜならば、それこそが失敗の最大の原因になるからだ。私は過ぎ去った日のことは、良いことであれ悪いことであれ、すべて忘れよう。そして今日こそが人生の最高の日になるように、新しい日の出を自信をもって迎えよう。

私は命のかぎり、がんばるつもりだ。なぜならば、今こそ私は成功するためのもっとも偉大な原理の一つを知ったからだ。それは、「永くやり続けてあらめなければ、私は必ず勝つ」というものだ。

私はがんばりぬく。

私は勝つ。

第11章

巻物の第4巻

私はこの大自然最大の奇蹟《きせき》だ。

有史以来、私の知性、私の心、私の目、私の耳、私の手、私の髪、私の口を持った人間は一人としていない。私の以前にも、現在も、未来にも、私のように歩き、話し、動き、考える人はいない。すべての人は私の兄弟である。しかし、私たちはみんな違っている。私は唯一かけがえのない存在なのだ。

私はこの大自然最大の奇蹟だ。

私は確かに動物界に属している。しかし、私は動物として生きているだけでは満足できない。私の中には炎がもえている。それは数え切れないほどの何世代にもわたって受け継がれてきた炎だ。その炎の熱は私のスピリットを「今よりももっと向上しなさい」と常に煽《あお》り立てている。そして、私はそうするつもりだ。私はこの炎を煽り立て、唯一無二の自分を世界に示そう。

誰も私の筆の運びを再現することはできない。誰も私のノミの使い方で彫刻することはできない。誰も私の筆跡で字を書ける人はいない。誰も私の子供を作ることはできない。また、私とまったく同じような販売能力を身につけている人もいない。今日から、私はこの「違い」という利点を利用しよう。なぜならば、この利点こそが私が最大限に活用すべき財産だからだ。

私はこの大自然最大の奇蹟だ。

私は他人を真似るという無駄なことを行うのは、もうやめよう。その代わりに、私は市場で私の独自性を十分に発揮するのだ。私はそう宣言する。そう、私は私の独自性を売り込むのだ。私は今から、自分の違いを強調しよう。人と同じところを隠そう。私は自分が売る商品にもこの原則を応用しよう。私は人とは異なるセールスマンであり、私は人とは異なる商品を売る。そしてその違いを誇りに思う。

私は大自然が生み出した唯一の創造物だ。

私はめったにいない存在だ。めったにないものには価値がある。それゆえに、私には価値がある。私は何千年もの進化の最終生物だ。私は過去のいかなる時代の皇帝や賢人よりも、精神的にも肉体的にも優れているはずだ。しかし、その資質、すなわち技能、知性、心、肉体も、私が活用しなければ流れが止まり、腐敗し、死んでしまうだろう。私は無限の可能性を秘めている。私は自分の頭脳も筋肉もほんの一部を使っているにすぎない。私は昨日の成果の100倍、業績を増やすことができる。そして、私はそうする。それも今日から始めよう。

私はもはや昨日の業績では満足はしない。私は取るに足らないわずかな業績で自己満足に浸ったりはしない。私は今までよりもずっと多くを成就することができる。そして、私はそれを実行するつもりだ。なぜならば、私が生まれたという奇蹟は私の誕生で終わらせてはならないからだ。その奇蹟を今日の仕事にまで拡張できないことがあるだろうか？

私はこの大自然最大の奇蹟だ。

私はこの地球に偶然に生まれたのではない。私はここに目的を持って生まれてきたのだ。その目的とは偉大なる山のように大きく成長することだ。小さな砂の一粒のように卑小なるもののままでいることではない。今日から私は自分の可能性をその限界まで活用し、最高の山になるために、あらゆる努力を惜しまないつもりだ。

私は人間についての知識、自分自身についての知識、私が売る商品についての知識を増やすために、最大の努力をしよう。そうすれば売り上げは何倍にもなってゆくだろう。私は商品を売るときの言葉を練習し、改良し、磨きをかけよう。なぜならば、売るための口上は私の職業の基盤になるからだ。多くの先輩がただ一つの素晴らしい口上によって、巨大な富と成功を達成していることを決して忘れてはならない。また、私は販売のマナーと優雅さを洗練させるために、常に努力を惜しまないつもりだ。なぜならば、それらはあらゆる顧客を引き付ける砂糖のようなものだからだ。

私はこの大自然最大の奇蹟だ。

私は自分のエネルギーを今この瞬間の仕事に集中させる。そして、私の行動は他のすべてを忘れさせてくれる。家庭内の問題は家庭においておこう。家族のことは市場にいるときは考えない。なぜならば、家庭の問題を考えると、私の思考がにぶるからだ。また、市場の問題は市場だけに限ろう。家庭にいるときは市場のことは考えない。なぜならば、市場の問題を家庭に持ち込むと、私の愛がしおれるからだ。市場においては家庭のことを考える余裕はなく、家庭の中には市場のことを考える場所はない。市場と家庭はそれぞれに切り離そう。そうすることによって、市場とも家庭とも良い関係を保つことができる。この二つを切り離しておかないと、私の仕事はうまく行かない。これこそが昔からの教訓なのだ。

私はこの大自然最大の奇蹟だ。

私は見るために目を与えられている。私は考えるために頭脳を与えられている。そして今や、私は人生最大の秘密を知っている。なぜならば、すべての問題、失望、心痛は、実は仮面をかぶった偉大なチャンスだということが見えるようになったからだ。私はもはやその衣装にだまされることはない。なぜならば、私の目が開いたからだ。私は衣の下に隠された真実を見抜くことができる。

私はもはや、だまされない。

私はこの大自然最大の奇蹟だ。

動物、植物、風、雨、岩、湖、どれ一つとして、私と同じように生まれ出たものはない。なぜならば、私は愛によって生を受け、目的をもって生まれてきたからだ。今まで、私はこの事実に気づいていなかった。しかし、この事実は今後、私の人生を導き、私の人生を築きあげてゆくだろう。

私はこの大自然最大の奇蹟だ。

大自然は敗北を知らない。自然は最終的には勝利する。そして私も同じだ。勝利を勝ち取るたびに、次の問題はより易しくなってゆく。

私は勝ち、そして私は偉大なセールスマンになる。なぜならば、私はこの世で唯一の存在だからだ。

私はこの大自然最大の奇蹟だ。

第12章

巻物の第5巻

私は今日が人生の最後の日だと思って生きよう。

では私に残されたこの貴重な一日をどのように過ごせばいいのだろうか？　まず、私は自分の命の入れ物にしっかりと封をして、砂の上に一滴たりとも落ちないようにしよう。昨日の不運や、昨日の敗北や、昨日の心痛を嘆いて、一瞬でも時間を無駄にするのはやめよう。どうして過去を嘆いて今を無駄にできようか？

砂時計の砂は上に流れることができるだろうか？　太陽は沈んだ場所から昇ったり、昇ったところから沈んだりするだろうか？　昨日の誤りを巻きもどして正すことができるだろうか？　昨日負った傷を呼びもどして、無傷にもどせるだろうか？　昨日より若くなれるだろうか？　昨日の悪意のある言葉や暴力を取り消せるだろうか？　それが与えた苦痛を撤回できるだろうか？　答えは「ノー」である。昨日は永遠に葬り去られ、私は昨日のことはもう考えない。

私は今日が人生の最後の日だと思って生きよう。

ではどのように生きればいいのだろうか？　昨日のことを忘れるように、明日《あした》のことも考えないようにしよう。明日の「不確実なこと」のために、なぜ今を台無しにするのだろうか？　砂時計の中で、明日の砂が今日の砂より先に流れることがあるだろうか？　朝、太陽が2度昇ることがあるだろうか？　今日の道の上に立ちながら、明日のことを行うことができるだろうか？　今日の財布の中に明日の金を入れることができるだろうか？　明日生まれる子供が今日生まれることがあるだろうか？　明日の死が影を投げかけて、今日の喜びをダメにすることがあるだろうか？　起こるかどうかわからない明日の出来事について、心配する必要があるだろうか？　絶対に起こらないかもしれない問題について、苦しむ必要があるだろうか？　答えはすべて「ノー」だ。明日も昨日と一緒に水に流されるべきものだ。私は明日のことはもう考えない。

私は今日が人生の最後の日だと思って生きよう。

私には今日しかない。そして、今という時間は私にとって「永遠」なのだ。死刑執行を延期された囚人のように、私は今日の朝日を喜びに泣いて迎える。私はこの限りなく貴重な新しい一日という贈り物に感謝して、両手を天に向かってさし伸ばす。昨日の朝日を迎えた人の中には、今日は生きていない人もいることを思って、私は生きている喜びに胸をたたいて感謝する。

私は本当に幸運な人間であり、今日の時間は法外なボーナスだ。私よりずっとよくやっていた人たちが死んでしまったのに、なぜ私はもう一日余分に生かされたのだろうか？　彼らはもう目的をなし終えたのに、私はまだなし終えていないということなのだろうか？　私がなろうとしている人間になるために、もう一度チャンスが与えられたということなのだろうか？　神には何かの目的があるのだろうか？　これは私が一段と成長するために与えられた特別の日なのだろうか？

私は今日が人生の最後の日だと思って生きよう。

私にはたった一つの人生しかない。そして、人生とは時間で計られるものにすぎない。私が一つを無駄にすれば、他の一つも破壊する。もし、私が今日を無駄にすれば、私は人生の最後のページを台無しにする。だから、私は今日の時間を大切にしよう。今日の時間は決してもどってこないからだ。時間は、今日、銀行にあずけて、明日、引き出して使うことができるものではない。誰が風を捕まえておくことができようか？　今日の一瞬、一瞬を私は両手で受け止め、愛を持って抱きしめよう。なぜならば、その価値はお金を超越しているからだ。死にそうな男が彼の持つすべての金をさしだしたとしても、一呼吸する時間さえ買うことはできない。これからの時間にどれだけの値をつけられるだろうか？　それは値のつけられぬほど貴重なものなのだ！

私は今日が人生の最後の日だと思って生きよう。

私は時間を無駄にするものは、極力、避けようと思う。ぐずぐずと延期することはやめ、直ちに行動しよう。疑いは信頼のもとに葬ろう。恐怖は自信をもって断ち切ろう。無駄口には耳を貸さない。怠惰なものとは付き合わない。怠け者には近づかない。これからは、怠惰に身をまかせることは、愛するものから食べものや着るもの、温かさを盗むことと同じだと心得よう。私は泥棒ではなく、愛の男だ。そして今日は、私の愛と私の偉大さを示す最後のチャンスなのだ。

私は今日が人生の最後の日だと思って生きよう。

今日なすべきことは今日のうちにしてしまおう。今日、私は幼い子供を可愛がろう。明日、彼らは巣立ってゆくだろう。私もいなくなるだろう。今日、私は愛する妻を抱きしめてキスをしよう。明日、彼女はいなくなり、私もいなくなるのだから。今日、私は困っている友達を助けよう。明日になれば、彼は助けを求めてこないだろう。私も彼の叫びが聞こえないだろう。今日、私は身を粉にして働こう。明日、私には与えるものがなく、受け取ってくれる人もいないのだから。

私は今日が人生の最後の日だと思って生きよう。

そして、もし今日が私の最後の日であるならば、今日は私の最も偉大な記念碑となるだろう。私は今日を私の最良の日にしよう。私は今日の1分1分を十分に味わって飲みつくし、感謝しよう。私は時間を1分たりとも無駄にせずに、価値あるものと交換しよう。私は以前にも増して懸命に働き、筋肉が悲鳴を上げるまでがんばろう。私は今まで以上にお客様に呼びかけ、今まで以上に商品を売ろう。今日の毎分は昨日の毎時間より成果があがるだろう。私の最後の日を最良の一日にしよう。

私は今日が人生の最後の日だと思って生きよう。

そしてもし、今日が最後の日ではなく、明日も生きていられたならば、私はひざまずいて神に感謝しよう。

第13章

巻物の第6巻

今日、私は自分の感情の主人になる。

潮が満ち、潮が引く。冬が去り、夏が来る。夏が衰え、寒さが増す。太陽が昇り、太陽が沈む。満月になり、新月になる。渡り鳥が飛んで来て、渡り鳥が飛び去る。花が咲き、花が枯れる。種がまかれ、収穫される。すべての自然は循環しており、私もまた自然の一部である。だから、私の気分も潮の満ち干のように、上がったり下がったりする。

今日、私は自分の感情の主人になる。

私は毎朝、昨日とは違った気分で目が覚める。これはほとんど理解されていないが、自然のいたずらの一つである。昨日の喜びは今日の悲しみになる。しかし、今日の悲しみは明日の喜びになる。私の中には一つの車輪があり、それが常に悲しみから喜びへ、高揚した気分から沈んだ気分へ、幸せから憂鬱《ゆううつ》へと回転している。花と同じように、今日の満開の喜びも次第に色あせて枯れてしまう。しかし、今日枯れた花も明日《あした》の開花の種を宿していることを忘れずにいよう。同様に、今日の悲しみは明日の喜びの種を宿しているのだ。

今日、私は自分の感情の主人になる。

日々を生産的にするためには、どのようにこうした感情を支配すればよいのだろうか？　気分がよくなければ、その日は失敗に終わるだろう。木や植物の成長は天候に依存しているが、私は天候を自分で作りだし、それを人々にもたらさなければならない。もし私がお客に、雨、憂鬱、暗さ、悲観などをもたらせば、彼らは雨、憂鬱、暗さ、悲観で反応し、商品を買ってくれないだろう。もし私が、喜び、熱意、明るさ、笑いなどをもたらせば、彼らは喜び、熱意、明るさ、笑いで応《こた》えてくれるだろう。そして、私の天候は豊かな売り上げと黄金を私にもたらしてくれるだろう。

今日、私は自分の感情の主人になる。

ではどのようにすれば、私は自分の感情を支配して毎日を幸福な日にし、また生産的な日にすることができるだろうか？　私は古代から伝えられている次の秘密に学ぼうと思う。

弱者とは、自分の感情が行動を支配するのを許す人のことである。

強者とは、自分の行動によって感情を支配する人のことである。

毎朝目が覚めると、私は自分がまだ悲しみや自己憐憫《れんびん》や失意の勢力に捕らえられる前に、次のような作戦を実行する。

もし、気分が沈んでいたら、歌おう。

もし、悲しかったら、笑おう。

もし、気分が悪かったら、仕事を倍にしよう。

もし、怖かったら、頭から飛びこんでゆこう。

もし、劣等感を感じたら、新しい服に着替えよう。

もし、自信を失ったら、声を高めよう。

もし、貧しさを感じたら、来るべき富を考えよう。

もし、能力に自信をなくしたら、過去の成功例を思い出そう。
もし、卑屈になっていたら、自分の目標を思い出そう。
今日、私は自分の感情の主人になる。

自分はこの程度で精一杯だと自己満足できるのは、能力のない人々だけだ。私は能力のない人間ではない。

いつの日か、私を引き裂き、ダメにしようとする力と戦わなければならないこともあるだろう。それが絶望や悲しみならば簡単に察知できる。しかし、微笑みを浮かべて親しげな友人として接近してくる人々が、私を破滅させることもあるだろう。

それらに対しても、私は警戒の手を緩めてはならない。

もし、自信過剰になったら、失敗したときのことを思い出そう。
もし、贅沢《ぜいたく》になったら、昔の飢えた日のことを思い出そう。
もし、自己満足に陥ったら、競いあっていたときのことを思い出そう。

もし、自分の偉大さに酔いしれたら、恥辱の瞬間を思い出そう。
もし、自分が全能だと感じたら、風が止められるかどうか試してみよう。
もし、巨万の富を得たら、飢えた人がいることを思い出そう。
もし、尊大になったら、無力だったときのことを思い出そう。
もし、自分の技が誰にも負けないと感じたら、星を見上げよう。
今日、私は自分の感情の主人になる。

私はこれらの新しい知識を得た上で、自分が訪問する相手の気持ちを理解し、認めよう。今日、彼が怒っていてもイライラしていても、気にしないようにしよう。彼はまだ感情をコントロールする秘密を知らないからだ。私は彼の怒りや侮辱を我慢することができる。なぜならば、明日になれば彼の気分は変わり、彼に会うのが喜びになることを知っているからだ。

私は一度だけの出会いで人を判断しないようにしよう。今日会ったときに憎しみを示した相手を、明日、必ず訪ねよう。今日の彼は黄金の馬車が1ペニーだとしても買わないだろうが、明日の彼は自分の家を一本の苗木と交換するかもしれない。私がこの秘密の知恵を知っていることこそが、巨万の富を得る鍵《かぎ》になるだろう。

今日、私は自分の感情の主人になる。

今日から私はすべての人間の、そして私自身の感情の神秘性を認め、理解しよう。この瞬間から、私は日々、自分の中にどんな人格が生まれようとも、コントロールする用意ができている。私は積極的な行動によって自分の気分を支配する。そして自分の気分を支配できたとき、私は自分の運命を支配するだろう。

今日、私は自分の運命を支配する。そして私の運命とは**世界最強の商人**になることだ！

私は自分自身の主人になる。

私は偉大になるのだ。

第14章

巻物の第7巻

私は世間を笑おう。

あらゆる生物の中で、笑うことができるのは人間だけだ。木も傷つけられれば血を流すかもしれないし、動物たちも痛みや飢えに泣くだろう。しかし、人間だけが笑う才能を与えられている。それは好きなときにいつでも使える私の財産だ。今日から、私は良く笑う習慣を身に付けよう。

ニコニコすれば、消化もよくなるだろう。クスクス笑えば、心の重荷も軽くなるだろう。大声で笑えば、命も永くなるだろう。これこそが長寿の最大の秘密だからだ。そして、今、その秘密は私のものだ。

私は世間を笑おう。

私は、何にも増して自分自身を笑おう。なぜならば、あまりにも自分を重要だと考えている人間ほど、滑稽《こっけい》なものはないからだ。私はこの心の罠《わな》に落ち込まないように気をつけよう。私は大自然最大の奇蹟《きせき》には違いないが、時間という風に吹き踊らされている単なる一粒の麦みたいなものだからだ。自分がどこからやってきて、どこへ行くのか、私は本当に知っているのだろうか？　私の今日の心配事など、10年もたてば、取るに足らないことに見えるのではないだろうか？　どうして今、ささいなことに悩まなくてはならないのだろう？　今日、太陽が沈むまでに、歴史の流れの中で大きな意味を持つことなど起こるだろうか？

私は世間を笑おう。

では、私を傷つけ、涙を流させ、思わず呪ってしまうような人や出来事に遭遇したとき、私はどうやって笑顔を保つことができるだろうか？　そんな場合、私を救う魔法の言葉がある。ユーモア精神が消えそうなときも、この魔法の言葉がすぐ心に浮かぶように、習慣になるまで自分を訓練しよう。この魔法の言葉は太古の昔から伝えられてきたものであり、私をあらゆる災難から救い出し、バランスのとれた人生へと導いてくれるだろう。それはこんな言葉だ。

「これもまた過ぎ去ってゆく」

私は世間を笑おう。

なぜならば、世間のすべてのものは過ぎ去っていくからだ。心が締め付けられるような悩みの中にいるときも、私は「これもまた過ぎ去ってゆく」と言って自分を慰める。私が成功して思い上がっているときは、自分に「これもまた過ぎ去ってゆく」と警告する。私が貧乏に苦しんでいるときも、「これもまた過ぎ去ってゆく」と自分に言い聞かせる。私が重荷となるほどの富を得たときも、「これもまた過ぎ去ってゆく」と自分に言い聞かせる。

まさにその通りなのだ。あのピラミッドを建設した人たちは今どこにいるのだろう？　その石の下に埋められているのではないだろうか？　そして、そのピラミッドでさえ、いつかは砂にうずもれてしまうだろう。もし、すべてのものが過ぎ去ってゆくのであれば、なぜ今日のささいなことを思いわずらう必要があるだろうか？

私は世間を笑おう。

私は今日一日を笑いで塗りつぶそう。夜を歌で縁取ろう。幸福になるために努力することは一切やめよう。それよりも、悲しみに浸っている暇はないほどに、忙しく働こう。今日の喜びは今日のうちに楽しもう。喜びは穀物ではないので、箱の中に貯めておくことはできない。喜びはワインではないので、壺《つぼ》にいれて蓄えておくことはできない。喜びは、種をまいたその日のうちに刈り取られるものなのだ。今日から私もそのようにしよう。

私は世間を笑おう。

私が笑うと、すべてのものはそれぞれの適正な大きさに引き戻される。私が自分の失敗を笑うと、失敗は新しい夢の雲の中に消えてしまう。私が自分の成功を笑うと、それは本来の大きさに縮んで過大評価はなくなる。私は悪を笑いとばす。すると、それは味わう前に消えてしまう。私は善を笑う。すると、それは周囲を豊かに繁栄させる。

私の微笑みが人々の微笑みを引き出すときにだけ、その日の勝利はわがものとなる。私はこれを自分のためにやっている。もし、私が眉《まゆ》をひそめていれば、人は私の商品を買いはしないからだ。

私は世間を笑おう。

これから先、汗は流しても、涙を流すのをやめよう。なぜならば、悲しみや自責の念や悔しさは、市場では何の価値もないからだ。しかし、微笑みには黄金の価値があり、私の心からの優しい言葉は城を築くことができる。

自分がどんなに偉くなろうと、どんなに賢くなろうと、どんなに強大な力を得ようと、私は自分と世間を笑うことを忘れるのを、絶対に自分に許すつもりはない。このことについては、私はずっと子供のままでいよう。なぜならば、子供のようになるときだけ、他人を見上げる能力を与えられるからだ。他人を見上げているかぎり、私は自分を過大評価することはないだろう。

私は世間を笑おう。

笑うことができさえすれば、私は決して貧乏にはならないだろう。笑うことは自然が私に与えてくれた最大の贈り物だ。だから私はこの贈り物をもう無駄にはしない。笑いと幸せがあって初めて、私は本当に成功することができる。笑いと幸せによってのみ、私は労働の果実を楽しむことができる。笑いと幸せがないならば、失敗するほうがずっとましだ。なぜならば、幸せは食事の味をよくするワインのようなものだからだ。成功を楽しむためには、私は幸せでなくてはならない。そして笑いは私に給仕する少女のようなものだ。

私は幸せになる。

私は成功する。

私は**世界最強の商人**になる。

第15章

巻物の第8巻

今日、私は自分の価値を１００倍にする。

桑の葉は人間の才能に触れて絹になる。

粘土の広場は人間の才能に触れて城になる。

キプロスの杉は人間の才能に触れて社《やしろ》になる。

羊の毛は人間の才能に触れて王様の衣服になる。

もし、木の葉や粘土や木材、羊毛などの価値が人の手によって１００倍にも千倍にもなるのであれば、私も自分の名前がつけられた粘土に、同じことができるだろう。

今日、私は自分の価値を１００倍にする。

私は麦の一粒に似ている。麦には3種類の未来がある。一つ目は、袋に詰められ、豚小屋に投げ込まれ、豚のえさになる。2番目は、粉に挽《ひ》かれ、焼かれて、パンになる。3番目は、土にまかれて芽を出し、成長して金色の穂になって、一粒の麦から幾千粒もの麦を作り出す。

私は麦の一粒に似ているが一つだけ違いがある。麦は豚のえさになるか、パンになるか、種として植えられるか、その運命を自分で選ぶことができないが、私には選択の自由がある。私は自分の人生を豚のえさにされたり、失敗や絶望の石臼《いしうす》に挽かれてパンにされ、他人の意思によって食べられたりはしない。

今日、私は自分の価値を100倍にする。

麦の粒が成長して何倍にも増えるためには、大地にまかれて、しばらく暗闇の中に閉じ込められなければならない。私の失敗や絶望、無知や無力は、実るために私が埋められた暗闇のようなものだ。さて、麦の粒が芽を出し、花を咲かせるためには、雨や太陽や暖かい風で大事に育てられなければならない。私もまた身体と心を大切にして、夢を実現しなければならない。麦が充分に育つためには、自然の気まぐれを待たなければならないが、私にはその必要はない。なぜならば、私には自分の運命を選択する力があるからだ。

今日、私は自分の価値を100倍にする。

ではどのようにこれを達成したらよいのだろうか？　まず、私は今日の目標を設定してから今週の目標、今月の目標、今年の目標を次々に設定し、最後に人生の目標を設定する。麦の粒が殻を破って芽を出す前に雨が降らなければならないように、人生が具体化する前に、私は人生の目的を持つ必要がある。人生の目標を設定するには、過去の最高の業績を考慮して、それを100倍にしよう。これが将来の私の生き方の基準になる。目標が高すぎると心配する必要はない。なぜならば、月をねらって投げた槍《やり》が外れて鷲《わし》に当たるほうが、鷲をねらって岩に当たるよりもずっといいからだ。

今日、私は自分の価値を100倍にする。

目標に達するまでに何度もつまずくかもしれないが、目標の高さに恐れの念をいだかぬようにしよう。たとえつまずいたとしても、私は立ち上がる。そして、つまずいたことを恥ずかしいとは思わない。なぜならば、その目標に到達する前に失敗するのは、ごく普通のことなのだ。芋虫はつまずくことはないが、私は芋虫ではない。私はタマネギでもなく、羊でもなく、人間なのだ。他人が粘土で洞窟《どうくつ》を作りたいのであれば、作らせておけばよい。私は私の粘土で城を築きあげるのだ。

今日、私は自分の価値を100倍にする。

太陽が大地を暖め、まかれた麦は芽を出す。同じように、この巻物の言葉は私の人生を温め、私の夢を現実のものにしてくれる。昨日成し遂げたことより、今日はさらにすばらしい業績を残そう。今日は全力をつくして、今日の山の最高地点まで登ろう。しかし、明日《あした》は今日よりももっと高く登ろう。そして、次の日は、明日よりももっと高く登るのだ。他人の業績を超えることは重要ではない。自分自身の業績を超えることがすべてなのだ。

今日、私は自分の価値を100倍にする。

暖かい風が麦を成熟へと導くように、同じ風が私の言葉を聞く人の耳にとどけ、私の言葉は私の目標を公表する。一旦《いったん》口に出した言葉は引っ込めるわけにはゆかない。面目を失うからだ。私は自分の人生の予言者になるのだ。そして人は私の言うことを聞いて笑うかもしれないが、彼らは私の計画を聞き、彼らは私の夢を知る。こうして、自分の言葉が実現するまで、私には逃げ道はなくなる。

今日、私は自分の価値を100倍にする。

私は低すぎる目標を設定するという恐ろしい過ちは犯さない。
私は失敗者が試みようとしない仕事をする。
私は常に自分の手の届く範囲以上を目指してがんばる。
私は市場での自分の業績に絶対に満足しない。
私は目標が達成されたら、すぐにより高い目標を設定する。
私は常に次の1時間に、今の1時間よりも高い業績を上げるように努力する。
私は常に自分の目標を世間に宣言する。
しかし、私は自分の業績を自慢しない。その代わり、世間が私を高く評価してくれるならば、それをありがたく謙虚に受け止めよう。

今日、私は自分の価値を100倍にする。

一粒の麦が100粒になり、その一粒がさらに100本の茎を生やす。10倍が10回繰り返されれば、それらは地上のすべての町の人々を養うことができるだろう。私は一粒の麦以上のものではなかろうか？

今日、私は自分の価値を100倍にする。

そして一つの目標が達成されたら、私はさらに新しい目標に向かう。そして、またそれを繰り返していく。やがて、この巻物の言葉が私の中で実現したとき、私の偉大さに驚きと賞賛の声が沸き起こるだろう。

第16章

巻物の第9巻

私の夢は無価値だ。私の計画はゴミだ。私の目標は無駄だ。どれもみな、行動が伴わなければまったく無価値なのだ。

私は今、行動する。

地図はどんなに注意深く細かいところまで作られていても、地図の持ち主を1インチたりとも動かしはしない。羊皮紙にいかに公正な法律が書かれていようと、その法律が犯罪を防止することはない。今私が手にしている巻物でさえ、それだけでは1ペニーも稼げず、喝采《かっさい》の言葉一つ得ることはできない。

唯一行動だけが火をつける点火材だ。地図も、羊皮紙も、この巻物も、私の夢も、私の計画も、私の目標も、行動があってはじめて命を吹き込まれ、生きた力になる。行動こそ、成功のための食べものであり、飲みものなのだ。

私は今、行動する。

私の行動を引き止め、遅らせるものは、恐怖心から生まれる。どんなに勇気のある人でも、心の奥底にはこの恐怖心があるのを、私は知っている。恐怖心を克服するには「ためらわずに、今直ちに行動する」ことだ。そうすれば、心の動揺も消えるのを私は知っている。行動すれば、ライオンのような恐怖心もアリのように小さくなって、心が落ち着いていくことも私は知っている。

私は今、行動する。

今日から私はホタルの生き方を教訓としよう。ホタルは羽を広げ、行動しているときだけ光っている。私もホタルのようになろう。そして、私の輝きは昼間の太陽の下でも見えるだろう。他の人は蝶《ちょう》のようになるが良い。蝶は羽を広げて得意になっているが、花の慈悲にすがって生きている。私はホタルのようになろう。そして私の光で世界を照らすのだ。

私は今、行動する。

私は今日の仕事を後回しにして、明日まで持ち越そうとは思わない。明日は決してやって来ないと私は知っているからだ。私の行動が幸せと成功をもたらすとは限らないとしても、私に今すぐ行動させてほしい。なぜならば、何も行動せずにもがいているよりは、行動して失敗するほうがまだましだからだ。幸せは実際のところ、行動によってもぎ取れる果実ではないかもしれない。しかし、行動がなければ、すべての果実はつるについたまま腐ってしまうだろう。

私は今、行動する。

私は今、行動する。私は今、行動する。私は今、行動する。これからは、私はこの言葉を何回も何回も、何回も繰り返そう。毎時間、毎日、この言葉が呼吸と同じように習慣になり、それに続く行動が瞬《まばた》きと同じように本能的な反応になるまで、何回でも繰り返そう。この言葉によって、成功に必要なすべての行動をとるように私の心を条件付けることができる。この言葉を繰り返すことによって、敗者が避けてしまういかなる挑戦にも立ち向かうように、私の心を条件付けることができるのだ。

私は今、行動する。

私はこの言葉を何回も、何回も、何回も繰り返そう。朝、目を覚ましたとき、この言葉を言いながらベッドから飛び起きる。そのあいだ、敗者はもう1時間よけいに眠っているだろう。

私は今、行動する。

市場に入るとき、私はこの言葉を唱える。するとすぐに私は最初のお客に出会う。一方、敗者はまだ断られることを心配している。

私は今、行動する。

閉じられたドアの前に立つと、私はこの言葉を唱える。そして、ドアをノックする。一方、敗者は恐れおののいてドアの外で待っている。

めに行動する。

私は今、行動する。

誘惑に出会うと、私はこの言葉を唱える。そして、すぐに誘惑から逃れるために行動する。

私は今、行動する。

今日はもう終わりにしよう、また明日《あした》にしよう、という思いに駆られたとき、私はこの言葉を唱え、すぐに行動して、もう一品売ろうと試みる。

私は今、行動する。

市場で私の価値を決めるものは私の行動による結果だけだ。そして、私は自分の価値を倍増するために、自分の行動を倍増しよう。私は失敗者が恐れて歩かない道を歩こう。失敗者が休むときにも私は働こう。失敗者が沈黙しているときにも、私は話しかけよう。失敗者が大口の客1人を狙う計画を立てているとき、私は商品を買ってくれる10人を訪ねよう。失敗者がもう手遅れだと嘆く前に、私はすでに仕事は終わったと言おう。

私は今、行動する。

なぜならば、私には今しかないからだ。明日は怠け者が仕事を予約した日だ。私は怠け者ではない。明日は悪人が改心する日だ。私は悪人ではない。明日は弱虫が強くなる日だ。私は弱虫ではない。明日は失敗者が成功する日だ。私は失敗者ではない。

私は今、行動する。

ライオンはお腹がすけば食べる。鷲《わし》はのどが渇けば飲む。しかし、彼らは行動しなければ、滅びてしまうだろう。

私は成功に飢えている。私は幸福と心の安らぎに渇いている。もし、行動しなければ、私は失敗、悲惨、不眠の人生の中で滅亡してしまうだろう。

私は命じる。そして、私は自分自身の命令にしたがうのだ。

私は今、行動する。

成功は私を待ってはくれない。

私がぐずぐずしていたら、彼女は他の男と婚約してしまうだろう。そして、私は永久に彼女を失ってしまうだろう。

今がそのときだ。ここがその場所だ。私がその男だ。

私は今、行動する。

第17章

巻物の第10巻

大きな災難に遭遇したり、胸が引き裂かれるような悲しみに出会ったりしたとき、神の名を呼ばなかった人はいるだろうか？　想像を絶した危険や死、または通常の体験や理解を超えた不思議に出会ったとき、思わず悲鳴をあげない人はいるだろうか？

危機に瀕《ひん》したときにあらゆる生き物の口から発する本能的な叫びは、どこからやってくるのだろうか？

人の目の前で激しく手をふると、彼は瞬きするだろう。人のひざを叩《たた》けば、彼の足は飛び上がるだろう。暗闇の中で誰かにぶつかると、「キャーッ！」と思わず叫んでしまうだろう。

この自然の偉大な神秘を認めるためには、私の人生が特別な宗教心にあふれている必要はない。

人間を含め、大地を歩くすべての生き物は助けを求める本能を持っている。

どうして、我々はこの本能、この能力を持っているのだろうか？

我々の叫びは祈りの一種ではないのだろうか？

この世にはこれらの叫びを聞き、それに応じることができる何らかの偉大な力が存在するのだろう。そうでなければ、自然の法則に従って営まれている世界で、ヤギやロバや鳥や人間に、助けを求めて叫ぶという本能が与えられているはずがない。これから先、私は祈ろう。しかし、私の祈りは、お導きくださいという祈りだけだ。

私は世間の物質的なものを求めて祈りはしない。私は召使いに食事を運んできなさいと呼びかけているのではない。宿の主人に部屋を貸すように頼んでいるのではない。私は黄金や愛や健康や、ささやかな勝利や、名声や、成功や、幸せをくださいと求めはしない。私は導きだけを求めて祈る。これらのものを手に入れる方法を示してくださいと祈るのだ。すると、私の祈りはいつも叶《かな》えられる。

私が求める導きはやってくるかもしれないし、やってこないかもしれない。しかし、そのどちらも答えではないだろうか？　もし、子供が父親にパンを欲しいと求めたとしよう。そして、パンはもらえなかった。これは父親が応《こた》えなかったということなのだろうか？

私は導きを求めて祈る。私は商人として、次のように祈る。

「創造主よ、どうぞ私をお助けください。今日、私はただ一人、何も持たずに、裸で世界に踏み出します。あなたの導きの手がなければ、私は成功と幸せへの道から遠く離れて、道に迷ってしまうでしょう」

「私が求めているものは、お金や着る物ではありません、またチャンスでさえもありません。その代わり、私がすでに与えられているチャンスを生かす能力を得られるよう、お導きください」

「あなたはライオンに牙《きば》を、鷲に爪を与えられ、どのようにして狩りをして繁栄できるかを教えました。私にも教えてください。どのように言葉を使って狩りをし、愛をもって繁栄するかを。そうすれば、私は人々の中でライオンに、市場で鷲になることができるでしょう」

「障害や失敗を通じて、私が謙虚でいられるように助けてください。しかし、勝利とともに私にもたらされる賞品を、私の目から隠さないでください」

「他の人が失敗した仕事を私にお与えください。しかし、彼らの失敗から成功の種を引き出せるように私をお導きください。恐怖に立ち向かわせて、私の魂を鍛えてください。そして、自分の不安を笑いとばす勇気を私にお与えくださ い」

「私が目標に到達できるよう、十分な日数をお与えください。しかし、私が今日のこの日を、あたかも人生の最後の日として生きられるように力をお貸しください」

「私の言葉が果実をもたらすようにお導きくださいませ。しかし、他人の中傷となるときは私を黙らせてください」

「何度でもくじけずに挑戦する習慣が身につくようお導きください。しかし、いつかは勝てるという平均化の法則を利用する道もお示しください。また、好機を察する勘のよさを与えてください、しかし、私の力を集中させるための忍耐力もお与えください」

「悪い習慣が消え、良い習慣が身につくようお導きください。しかし、他人の弱さに対する同情心も私にお与えください。すべての苦しみはいずれ過ぎゆくものだと、私に知らしめてください。しかし、今日の祝福を数える手伝いをしてください」

「憎しみに不慣れにならぬよう、私を人の憎しみの前にさらしてください。しかし、憎しみを持つ人を友人に変えてしまうほどに、私の心を愛で満たしてください」

「しかし、これらのすべてはあなたの御心《みこころ》次第です。私はつるに摑《つか》まっているー粒の小さなブドウにすぎません、しかし、あなたは私を他の誰とも違うものとしておつくりになりました。だとすれば、私には特別な居場所があるはずです。どうかお導きください。お助けください。私のゆく道をお示しください」

「私はあなたによって選ばれ、種をまかれ、この世のブドウ畑で芽生えました。どうぞあなたの御心のままにお育てください」

「この微力な商人をお助けください。神様、どうぞ、私をお導きください」

第18章

ハフィッドは、今や、人気の失《う》せた寂しい宮殿の中で、巻物を譲り渡す人物が現れるのをひたすら待っていた。年老いたハフィッドは、自分が信頼する番頭エラスムスだけを同居人として、変わりゆく季節が過ぎてゆくさまを見守っていた。よる年波には勝てず、ハフィッドは今では庭で静かに座っていることの他は、ほとんど何もできなくなっていた。

彼は待っていた。

彼が自分の莫大《ばくだい》な財産を処分し、その巨大な貿易帝国を解散させてから、ほとんど丸3年がたっていた。

すると、ある日のこと、東の砂漠から一人の男が現れた。少し、足を引きずりながら、その男はダマスカスの町に入り、まっすぐに大通りを進んでハフィッドの宮殿の門の前に立った。

エラスムスはいつもは親切で礼儀正しい人間だったが、突然に現れて、「ご主人様にぜひ会わせてください」と繰り返すこの訪問客に対しては、宮殿の入り口に立ちはだかり、断固として中へ入れまいと踏ん張っていた。

その見知らぬ男の格好はとても信用が置けるような代物ではなかった。彼のサンダルはすりきれて、縄で縛ってあった。陽に焼けて茶色になった足には切り傷や引っかき傷の跡があり、身体のあちこちにはいくつもの腫《は》れ物があった。さらに、ラクダの毛でできた腰布はぼろぼろで、だらしなく垂れ下がっていた。男の髪の毛は伸び放題でぼさぼさにもつれていた。ただ、彼の目は太陽の光で赤く充血してはいたものの、身体の中から燃えているようにキラキラと輝いていた。

エラスムスはドアの取っ手をしっかりと押さえながら、「お前はどうしてうちのご主人様に会いたいというのか？」と尋ねた。

その見知らぬ者は彼の背負い袋が肩からずり落ちそうになるのもかまわずに、両手を握り締めてエラスムスに祈るように訴えた。「ご親切なお方、どうか、あなた様のご主人様にお目どおりをお願いいたします。私は決して危害を加えたり、施しを求めたりはいたしません。ただ、話を聞いていただきたいのです。

もし私がご主人様の気分を少しでも害したら、私はすぐさまおいとまいたします」

エラスムスはなおも確信がもてなかったが、ゆっくりとドアを開けた。そして、屋敷の中に入って良いとうなずき、後ろを振り返りもせずに庭のほうに向かって足早に歩き始めた。男は片足を引きずりながら、彼の後に従った。

庭ではハフィッドがうたた寝をしていた。エラスムスは主人を起こしていいものかどうか、彼の前でためらっていた。エラスムスが咳払《せきばら》いをすると、ハフィッドが動いた。エラスムスがもう一度咳払いをした。すると、ハフィッドは目を開けた。

「お昼寝を邪魔して、お許しください。しかし、あなた様を訪ねてきた者がいます」

まどろみから目が覚めたハフィッドは、体を起こして見知らぬ客に目を移した。その男はおじぎをして言った。「あなた様が**世界最強の商人**と呼ばれたお方ですか?」

ハフィッドは顔をしかめながらも、うなずいた。「ずっと昔のことだ。すでにその冠は私の老いた頭からは消えてしまった。ところで、お前はこの私に何の用があるのかね？」

小柄なこの訪問者は緊張した様子でハフィッドの前に立っていた。彼の手は毛むくじゃらの胸をなでていた。しばらくして、彼はやわらかい日差しの中で目をしばたたいてから答えた。「私はサウロと呼ばれています。私は今、エルサレムから自分の生まれ故郷のタルソスに帰るところです。私はこんなに粗末な格好をしていますが、けっして怪しいものではございません。荒野からやってきた盗賊でも町の通りからやってきた乞食でもありません。私はタルソスの市民であり、また、ローマの市民でもあります。私の一族はベニヤミンのユダヤ部族のパリサイ人です。私の仕事はテント作りの職人ですが、あの有名なガマリエルのもとで学んだこともあります。ある人たちは私のことをパウロと呼びます」話しながら彼は少しよろめいた。このとき、やっと完全に目が覚めたハフィッドはそれに気がついて、すまなそうに客に座るようにとうながした。

パウロはうなずいたものの、立ったまま話しつづけた。「私があなた様のところへまいったのは、教えていただきたいことがあるからです。それはあなた様にしかできないことです。私の話を聞いていただけないでしょうか？」

エラスムスはこの見知らぬ客の後ろに立っていたが、激しく首を横に振った。しかし、ハフィッドはそれに気づかないふりをした。

彼はこの昼寝を邪魔しにきた男を注意深く観察し、そしてうなずいた。「私は年をとってしまったので、あなたを見上げていることができない。私の足元に座ってはくださらないか？　そうすれば、話が聞きやすくなるから」

そこで、パウロは袋を傍らに置くと、老人の近くにひざまずいた。ハフィッドは黙って待っていた。

「4年前のことです。私はあまりにも永い間、勉学を続け、知識ばかりを積み上げてきたので、私の心は真実に対して盲目になっていました。そのため、エルサレムでステファノと呼ばれる聖人が石打ちの刑になったとき、私は公の立会人になりました。彼はユダヤの神を冒瀆《ぼうとく》したという罪でユダヤ評議会から死刑を宣告されました」

ハフィッドは困惑したような声で、パウロの話をさえぎった。「そのような事件に私がどう関係しているというのかな？」

パウロはハフィッドの困惑をなだめるかのように、手をあげた。

「簡単にご説明します。ステファノはイエスという者の弟子でした。イエスはステファノの石打ちの刑の1年前に、ローマ人によって十字架にはりつけになりました。国家反逆罪でした。そして、ステファノの罪とは、イエスこそがユダヤ人の預言者が『やがて救世主がやってくる』と予言していた救世主だった、そして、ユダヤ教会はローマ人と共謀してこの神の子を処刑したのだ、と彼が主張したことでした。権力者に対する非難を罰するには死刑しかありません。そして先ほど申し上げたように、私もそれに立ち会ったのです。

それだけでなく、当時、私は若さゆえの熱意から狂信的になっていて、大寺院の高僧からある使命を授かりました。ここダマスカスまで行って、イエスの信者をすべて逮捕し、エルサレムに連れ帰って処罰するようにという任務でした。これは、すでに申し上げたとおり、4年前のことでございます」

エラスムスはハフィッドをちらっと見て、とてもびっくりした。なぜならば、ハフィッドの目の中には、この忠実な番頭が一度も見たことのない、生き生きとした輝きがあったからだった。

パウロがもう一度話し始めるまで、庭の中には噴水の音だけしか聞こえなかった。パウロは再び話し始めた。

「さて、私が殺人鬼のような心をもって、ダマスカスに近づいたとき、天から突然閃光《せんこう》がきらめきました。その光に打たれたときのことは憶《おぼ》えていませんが、気がつくと、私は地面に転がっていました。私は目が見えなくなっていましたが、耳は聞こえました。そして、耳の中で私は声を聞いたのです。『サウロ、サウロ、なぜ、私を迫害するのだ？』私は答えました。『あなたはどなたですか？』するとその声がまた聞こえました。『私はイエスだ。あなたが迫害しているものだ。さあ立って、ダマスカスの町に入って行きなさい。そうすれば、あなたのなすべきことが告げられるであろう』

私は起き上がると、同僚に手をとられてダマスカスの町に入りました。しかし、私は3日間、食べることも、飲むこともできませんでした。その間、私はイエスの信徒の家にいました。そのとき、私はアナニヤと呼ばれるもう一人の信徒の訪問を受けました。彼にイエスの姿が幻のように現れて、私のところへ行けと言われたのだそうです。アナニヤが手を私の目の上に置くと、私は目が再び見えるようになりました。そして、食べたり、飲んだりすることもできるようになり、私の力も戻ってきました」

ハフィッドは椅子から身を乗り出してパウロに尋ねた。「それから何が起こったのですか？」

「私はシナゴーグにつれて行かれました。すると、イエスの信徒たちはみんな迫害者の私がやってきたと、恐れました。それにもかかわらず、私は彼らに説教をしました。すると、私の言葉は彼らを混乱させました。今や私は、十字架にかけられた方こそ本当に神の子だった、と話したからです。

そして、話を聞いた全員が私が罠《わな》をしかけているのではないかと疑いました。なぜならば、私こそエルサレムに大混乱をもたらした張本人だったからです。私は自分が回心して変わったことを、彼らに信じさせることはできませんでした。多くの人たちが私を殺そうと計画しました。そこで私は城壁を越えて街の外に逃げ、エルサレムへともどりました。

エルサレムでも、ダマスカスと同じことが繰り返されました。ダマスカスで説教した私の言葉は受け入れられましたが、イエスの信徒たちは誰一人として、私に近寄りませんでした。それにも拘《かか》わらず、私はイエスの名のもとに説教を続けましたが、それは何の役にも立ちませんでした。どこで説教しても、聞く人々は私に敵意を持ちました。ある日、私が大寺院に行ってその中庭でいけにえのための鳩と羊を見ているとき、言葉が再びやってきました」

「今度はなんと言ったのですか？」エラスムスは思わず身を乗り出して聞いた。

ハフィッドはエラスムスの興奮した様子を見て微笑んでから、パウロに話を続けるようにとうながした。

「その声は言いました。『お前はすでに4年近く言葉を受け取っているのに、誰にも光明を与えていない。たとえ神の言葉であっても売り込まなければ、人々は聞いてはくれないのだ。私は人々に分かりやすく、たとえ話で説いたではないか？　酢でハエをとろうとしてもむりだ。むずかしい話では人は聞いてはくれないのだ。ダマスカスにもどり、**世界最強の商人**といわれている人を探しなさい。もし、私の言葉を世界に広めたいのであれば、その人にその方法を教えてもらいなさい』」

ハフィッドはエラスムスをすばやくちらっと見た。年老いた番頭は言外の問いかけを感じ取った。この男は彼がこんなにも永い間待ち続けていた男なのだろうか？

最強の商人、ハフィッドは前にかがむと、手をパウロの肩に置いた。「そのイエスという男のことを話して聞かせてはくれないだろうか？」

急に生き生きとした新しい力強さに満ちた声で、パウロはイエスと彼の生涯の物語を話し始めた。じっと耳を傾ける二人に、パウロはまず、幸福と平和の新しい独立王国を作ってユダヤ人を一つにしてくれる救世主の出現を、ユダヤ人がずっと待ち望んでいたことを話した。つぎに、洗礼者ヨハネとイエスが歴史舞台へ登場したこと。イエスの行った数々の奇蹟《きせき》。イエスが民衆に行った説教。イエスが死者をよみがえらせた奇蹟。イエスが両替商に行った行為、十字架によるはりつけの刑、イエスの埋葬、そして、復活のこと……。

最後に、彼の物語にもう一つの衝撃を与えるかのように、パウロは傍らに置いてあった袋の中に手をいれ、中から赤い衣類を取り出した。そして、彼はそれをハフィッドのひざの上に置いた。「だんな様、あなたが今、腕の中に持っていらっしゃる品物は、このイエスが残した現世的な持ち物のすべてです。イエスは彼が所有していたものすべてを世界と分かち合われました。彼の命でさえもです。そして、イエスがはりつけになった十字架の足元では、ローマの兵士たちが、このローブの所有を争ってくじを引いたのです。私は今回、エルサレムに帰った折に、いろいろ手をつくして探し出し、苦労した末にこのローブを手に入れたのでございます」

ハフィッドの顔は蒼白《そうはく》になった。彼は震える手で血痕《けっこん》のついたローブを裏返した。エラスムスは彼の主人の様子に驚き、主人のもとにかけ寄った。ハフィッドはローブの裏側を丹念に調べた。するとその布地に小さな星の印が刺繍《ししゅう》されているのを見つけた……それはトーラ組合のマークだった。その組合がパトロスにそのローブを販売させたのだ。星マークの横には四角の中に丸印が刺繍されていた……。

それはパトロスの商標だった。

パウロとエラスムスは、ハフィッドがそのローブを捧《ささ》げ持ち、優しくほおずりするのを見守った。ハフィッドは首を振った。「ありえない」トーラ組合は何千着というローブを生産していた。そして、パトロスが交易ルートで盛んにそれを売っていたのだ。

ロープをなおも抱きしめながら、ハフィッドはかすれた声で言った。「このイエスという男が生まれたときのことを私に話してくれないか？」

パウロはそれに答えた。「イエスが残されたものはほとんどありませんが、生まれたときはもっと何もなかったのです。彼はベツレヘムの洞窟《どうくつ》の中でお生まれになりました。アウグストゥス帝による人口調査が行われていた時代でした」

ハフィッドは二人の男に向かって、まるで子供のように無邪気に笑った。二人は驚きの目でハフィッドを見守った。なぜならば、笑っているのに、一方では涙が彼の皺《しわ》のよったほほを流れ落ちていたからだった。ハフィッドは手で涙をぬぐってから尋ねた。「そしてそのとき、見たこともないような最高に輝いた星が、この赤子の生まれた場所の上に輝かなかっただろうか？」

パウロは口をあんぐりと開けたが、声は出なかった。そしてまた、話す必要もなかった。ハフィッドは両腕をあげて、パウロを抱擁した。そして、今度は二人の涙が混じりあった。

最後に老人は立ち上がって、エラスムスに向かって深くおじぎをした。「忠実な友よ、塔の部屋に行って、小箱を持ってきて欲しい。我々はついに、我々のセールスマンを見つけたのだ」

著者オグ・マンディーノについて

オグ・マンディーノは世界中で最も広く読まれている自己啓発と成功哲学の代表作家。１９２３年米国に生まれる。保険会社勤務を経て、１９６５年、成功のための雑誌サクセス・アンリミテッド・マガジンの編集長に就任し、１９７２年から１９７６年まで、同社の代表を務める。１９６８年に出版した『世界最強の商人』が爆発的な売れ行きを示し、一躍、ベストセラー作家となる。彼の著書は５０００万部以上売れたといわれている。１９９６年、他界。いろいろな分野の何千人もの人々が、オグ・マンディーノの本が自分の人生を変え、彼の言葉の中に奇蹟を発見したと言っている。

訳者あとがき

本書、『世界最強の商人』はアメリカの作家、オグ・マンディーノの『The Greatest Salesman in the World』を翻訳したものです。

この本はすでに単行本として日本でも翻訳出版されていますが、より多くの方たちが手に取ることができるようにと、新しく翻訳し直して文庫本として発売することになりました。

原著はアメリカで1968年に出版されました。わずか111ページの短い小説ですが、その中にはセールスに携わる人のための哲学、さらには人生を成功に導く知恵が語られています。地味な本で最初はそれほど売れなかったのですが、やがて当時の経済界の重鎮の目にとまり、その会社で全社員の必読書になるなど、ベストセラーへと駆け上りました。今でもセールスマンの必読書として、普通の人々の人生の書として、多くの人々に読まれています。

それまでの言い訳ばかりのいい加減な人生を捨て、新しく生まれ直して成功への第一歩を踏みだそうと、この本は伝えています。その上で、成功するための9つの法則が書かれています。小説の舞台はイエスの生まれた時代です。貧しいラクダ係の少年がこの法則を手にするまでのエピソードは、心にありありとその情景が浮かんでくるほどに見事に描かれています。

オグ・マンディーノは、人生哲学の分野では世界中で最も広く読まれている作家と言われています。成功のためのバイブルとされている本はアメリカには数多くありますが、本書をはじめとしてマンディーノの数多くの著書も、セールスに携わる人や人生の成功や幸せを願う人々に、絶大な人気があります。日本でもオグ・マンディーノの本は何冊も翻訳されていますので、読者のみなさんも、彼の著書をすでに読まれたことがあるかもしれません。どれも読みやすく、心に素直に入ってくる本といえるでしょう。

オグ・マンディーノは多くの感動的な本を書き、聴衆にやる気を起こさせる講演者として非常に成功した人ですが、もともとは恵まれた環境に育った人ではありません。突然の不幸、貧困と失意を体験し、本当の自分を見つけるまでには大変な逆境を体験しています。そしてこの体験を通して、「人生というゲーム」のルールを学んできました。その学びがこの小さな本に凝縮されていきます。彼が身をもって体験した成功法則だからこそ、多くの人々に支持され、彼らの人生を変えてきたのでしょう。何回も折に触れて読み返して、ぜひここから成功の法則を学び、人生をもっと豊かに幸せにしていただきたいと思います。

彼は1923年、アメリカに生まれました。父親はイタリア系、母親はアイルランド系の移民でした。1940年の夏、大学入学間近というとき、母親が急死しました。そのために、彼の大学進学の夢は消えてしまったのでした。マンディーノは大学に進学せずに製紙工場で働き始めました。1942年、彼は陸軍航空隊に入隊、第2次世界大戦ではB－24で、ドイツに30回特務飛行をしました。

戦後、軍隊時代にためたお金で、ニューヨークのタイムズ・スクエアのそばのアパートを借り、作家を目指しましたが、どこからも相手にされず、その道を諦めます。しかたなく生命保険の販売（セールスマン）の職につきました。そして結婚し、娘も生まれました。

しかし、その後も貧しく地獄のような生活が10年つづきました。いつの間にか現状逃避のためにアルコールの量が増え、その結果、妻子は彼のもとを去っていきます。

彼は古い車で国内を放浪しながら、安いワインを買うためならば、どんな仕事にもつきました。クリーブランドでの冬のように寒い11月、質屋の29ドルのピストルが目に入りました。「この銃がすべてを解決してくれる」と、自殺が脳裏をよぎります。しかし、ピストルは買わず、気がついたときは図書館の前に立っていました。

その図書館で彼は数冊の本と運命的な出会いをしました。その日から彼は、ノーマン・ヴィンセント・ピール、ナポレオン・ヒル、エルバート・ハバード、マックスウエル・モルツ、ラッセル・コーンウエルなどの成功哲学の巨匠たちの本を読み始めました。この日を境にマンディーノの人生は変わり始めたのです。その日、彼は「今日から私は新しい人生を始める」と決心したのでしょう。

一念発起した彼は保険会社に就職し、すぐにセールスマンとして頭角をあらわして1年でその会社の販売部長となりました。数年間この会社で働いた後、1965年に「サクヤス・アンリミテッド」誌の編集長となり、文筆業を中心に活動を始めました。そして1968年に本書を出版し、作家、講演者としての大活躍が始まったのでした。まさに彼の人生そのものが一編の物語ですが、彼はこれらの体験を通して、「人生というゲーム」のルールを学んだのでした。

マンディーノは1996年9月3日に亡くなりました。その後も彼の本は世界中の人々に元気を与え続けています。

私たちは精神世界の本を数多く翻訳してきましたが、自己啓発本にも興味があり、これまで、『マスターの教え』『ホワンの物語』『ザ・シークレット』『ザ・メタ・シークレット』『富を「引き寄せる」科学的法則』などの翻訳をしてきました。その方向性の中で、オグ・マンディーノの本をいつか訳してみたいと思っていたところ、オグ・マンディーノの本を翻訳しませんかとKADOKAWAからお話をいただきました。それもマンディーノの本の中で最も有名な本書でしたので、喜んで翻訳させていただきました。

本書は、2000年前の中近東が舞台になっており、イエスの誕生の場面が重要な役割を果たしています。聖書の物語通りではありませんが、キリスト教徒が多いアメリカで特に好感を持って迎えられているのも、こうしたエピソードが感動や共感を呼んでいるからではないでしょうか。

日本語版のタイトルは『世界最強の商人』になっていますが、原題では「商人」は「セールスマン」となっています。セールスマンというと、様々な商品を一人でせっせと売り歩く仕事を思い浮かべがちですが、私たちは誰もがセールスマンだといえるのではないでしょうか。売るものは決して形あるものとは限りません。自分の信条であったり、自分自身であったりします。究極的には、自分自身の価値を世の中にセールスすることが成功の秘訣《ひけつ》といえるかもしれません。誰もがその人独自の価値をもって生まれてきています。本当の自分の価値に気づき、それを活《い》かしてゆくとき、私たちは人生の成功への第一歩を踏み出すのでしょう。

最後にこの本の出版に関わった皆様に深く感謝します。特にこの本の出版を企画してくださったＫＡＤＯＫＡＷＡの菅原哲也さん、編集の労をとってくださった藤田有希子さんに心から感謝いたします。

２０１４年10月

山川紘矢《やまかわこうや》　山川亜希子《やまかわあきこ》

本書は訳し下ろしです。

世界《せかい》最強《さいきょう》の商人《しょうにん》

オグ・マンディーノ　山川《やまかわ》紘矢《こうや》・山川《やまかわ》亜希子《あきこ》＝訳

平成26年 11月25日　初版発行
令和２年 11月20日　13版発行

発行者●青柳昌行

発行●株式会社KADOKAWA
〒102-8177　東京都千代田区富士見2-13-3
電話　0570-002-301（ナビダイヤル）

角川文庫 18851

印刷所●株式会社暁印刷
製本所●株式会社ビルディング・ブックセンター

表紙画●和田三造

ISBN 978-4-04-101789-0　C0198

◇◇◇

角川文庫発刊に際して

角川源義

第二次世界大戦の敗北は、軍事力の敗北であった以上に、私たちの若い文化力の敗退であった。私たちの文化が戦争に対して如何に無力であり、単なるあだ花に過ぎなかったかを、私たちは身を以て体験し痛感した。西洋近代文化の摂取にとって、明治以後八十年の歳月は決して短かすぎたとは言えない。にもかかわらず、近代文化の伝統を確立し、自由な批判と柔軟な良識に富む文化層として自らを形成することに私たちは失敗して来た。そしてこれは、各層への文化の普及滲透を任務とする出版人の責任でもあった。

一九四五年以来、私たちは再び振出しに戻り、第一歩から踏み出すことを余儀なくされた。これは大きな不幸ではあるが、反面、これまでの混沌・未熟・歪曲の中にあった我が国の文化に秩序と確たる基礎を齎らすためには絶好の機会でもある。角川書店は、このような祖国の文化的危機にあたり、微力をも顧みず再建の礎石たるべき抱負と決意とをもって出発したが、ここに創立以来の念願を果すべく角川文庫を発刊する。これまで刊行されたあらゆる全集叢書文庫類の長所と短所とを検討し、古今東西の不朽の典籍を、良心的編集のもとに、廉価に、そして書架にふさわしい美本として、多くのひとびとに提供しようとする。しかし私たちは徒らに百科全書的な知識のジレッタントを作ることを目的とせず、あくまで祖国の文化に秩序と再建への道を示し、この文庫を角川書店の栄ある事業として、今後永久に継続発展せしめ、学芸と教養との殿堂として大成せんことを期したい。多くの読書子の愛情ある忠言と支持とによって、この希望と抱負とを完遂せしめられんことを願う。

一九四九年五月三日